CB026155

SIMPLES
FILOSOFIA

GLOBO LIVROS

DK LONDRES
Editora de Projetos Rose Blackett-Ord
Editor de Arte Sênior Phil Gamble
Editores Andrew Szudek, Kathryn Hill
Editor-Assistente Daniel Byrne
Designer Sênior Mark Cavanagh
Editor-Chefe Gareth Jones
Editor de Arte Chefe Sênior Lee Griffiths
Editor de Produção Sênior Andy Hilliard
Controladora de Produção Sênior Rachel Ng
Chefe de Desenvolvimento de Design de Capa Sophia M.T.T.
Designer de Capa Akiko Kato
Diretora Editorial Associada Liz Wheeler
Diretora de Arte Karen Self
Diretor Editorial Jonathan Metcalf

GLOBOLIVROS

Editor responsável Guilherme Samora
Editor-Assistente Renan Castro
Tradução Maria da Anunciação Rodrigues
Preparação Francine de Oliveira
Diagramação Natalia Aranda
Revisão Wendy Campos
Revisão Técnica Francisco José Dias de Moraes

Publicado originalmente no Reino Unido em 2021
por Dorling Kindersley Limited
DK, 20 Vauxhall Bridge Road, London, SW1V 2SA

1ª edição, 2025.
Impresso na Ipsis em janeiro de 2025.

CIP-BRASIL. CATALOGAÇÃO NA PUBLICAÇÃO
SINDICATO NACIONAL DOS EDITORES DE LIVROS, RJ

S621

Simples filosofia / Marcus Weeks ... [et al.] ; [tradução Maria da Anunciação Rodrigues]. - 1. ed. - Rio de Janeiro : Globo Livros, 2024.
160 p.

Tradução de: Simply : philosophy
Inclui índice
ISBN 978-65-5987-214-5

1. Filosofia. 2. Práxis (Filosofia). I. Weeks, Marcus. II. Rodrigues, Maria da Anunciação. III. Título.

24-95379 CDD: 100
CDU: 1

Gabriela Faray Ferreira Lopes - Bibliotecária - CRB-7/6643

For the curious
www.dk.com

CONSULTOR

Marcus Weeks estudou música e filosofia na universidade e trabalhou como professor, restaurador de pianos e músico antes de iniciar carreira como escritor. É autor e colaborador de muitos livros sobre filosofia, psicologia e artes.

COLABORADORES

Douglas Burnham é professor emérito de filosofia na Universidade de Staffordshire. Ele escreveu extensamente sobre Kant, Nietzsche e estética.

Daniel Byrne é editor, escritor e estudou filosofia na Universidade Brookes, em Oxford. Ele tem especial interesse por filosofia social e política.

Robert Fletcher tem títulos acadêmicos em filosofia pelas Universidades de Reading, Nottingham e Oxford. Ele é professor e pesquisador aposentado, mas ainda atua como tutor no Departamento de Educação Continuada da Universidade de Oxford.

Andrew Szudek é escritor, editor e estudou filosofia na Universidade de Cambridge, especializando-se em Wittgenstein e a filosofia da mente.

Marianne Talbot é diretora de estudos filosóficos do Departamento de Educação Continuada da Universidade de Oxford. Ela trabalha nas escolas da Universidade de Oxford desde 1987.

David Webb é professor de filosofia na Universidade de Stafforshire. Seus interesses incluem a ciência, a epistemologia histórica, a política e as obras de Bachelard, Foucault e Serres.

SUMÁRIO

PENSAR SOBRE O MUNDO

SER E LINGUAGEM

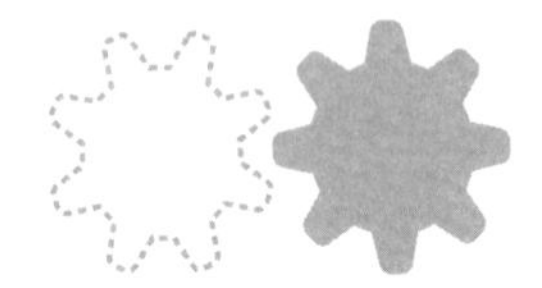

MENTE E MATÉRIA

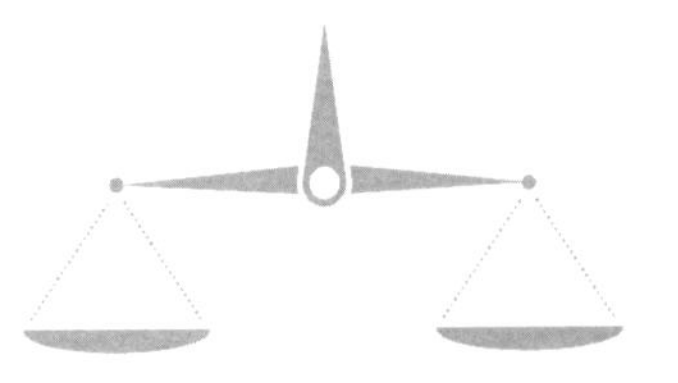

CERTO E ERRADO

POLÍTICA E PODER

LÓGICA E ARGUMENTAÇÃO

O QUE É FILOSOFIA?

"A filosofia", segundo Aristóteles, "começa com o espanto". Foi a partir de nossa curiosidade natural sobre o mundo e nosso lugar nele que a filosofia surgiu. No mundo antigo, as pessoas se perguntavam sobre as coisas que viam e vivenciavam e questionavam por que o mundo é como é. Religiões de um tipo ou outro forneceram algumas respostas, descrevendo eventos naturais como a ação de deuses ou espíritos, mas nas primeiras civilizações as pessoas quiseram explicações que satisfizessem sua capacidade de pensamento racional.

Os fundamentos da filosofia ocidental, centrada na razão e na observação, foram estabelecidos por estudiosos gregos no século VI a.C. Pensadores como Tales e Demócrito examinaram o mundo físico – como ele se estrutura e do que é feito – e suas teorias prepararam o caminho para o desenvolvimento das ciências físicas muitos séculos depois. Mais ou menos na mesma época, pensadores na Índia e na China ponderaram sobre questões similares a partir de perspectivas culturais e religiosas diferentes. Conforme suas sociedades foram se sofisticando, os primeiros filósofos tanto do Oriente quanto do Ocidente voltaram sua atenção para o universo humano. Eles se questionaram sobre a natureza do sofrimento, como devemos conduzir nossa vida e como é possível, afinal, entendermos o mundo.

Ao longo da história, houve muitas escolas diferentes de pensamento filosófico, e suas ideias com frequência se contrapuseram diretamente. Mas filosofar é fazer perguntas, examinar ideias e participar de discussões e argumentações racionais. Em vez de fornecer respostas definitivas, a filosofia se destina a ser, acima de tudo, um processo ativo de análise das questões fundamentais sobre o universo e nosso lugar nele. Não é apenas o domínio dos filósofos acadêmicos, mas uma atividade da qual podemos tomar parte – e já tomamos, ao olharmos para o universo em que vivemos e refletirmos sobre ele.

PENS SOBR MUND

A R E O

A filosofia começou como uma tentativa de entender o mundo sem depender de ideias religiosas ou mitológicas. Ela se concentrou em duas questões gerais: "Qual a natureza da realidade?" (o tema da metafísica) e "Qual a natureza do conhecimento?" (o tema da epistemologia). As respostas a essas duas perguntas levaram a duas escolas principais de pensamento: o racionalismo, que considerava o raciocínio como a fonte mais confiável de conhecimento, e o empirismo, que enfatizava a importância da experiência sensorial. Os primeiros filósofos foram os cientistas de sua época, e as ciências físicas só se distinguiram da filosofia no século XVII.

Mito
Antes dos milésios, os gregos acreditavam que os eventos naturais, como as tempestades, eram causados pelos deuses.

Natureza
Os milésios argumentaram que os mitos sobre deuses eram muitas vezes irracionais e dispensáveis para explicar os eventos naturais.

ABANDONO DOS MITOS

Os primeiros filósofos ocidentais viveram na cidade-estado grega de Mileto, no século VI a.C. A Escola de Mileto, como foi chamada, questionou a crença na existência de deuses, afirmando que há, em vez disso, uma ordem natural no mundo. Baseando-se apenas na razão e na observação, os milésios decidiram encontrar o *arché* (princípio subjacente) do cosmos. Seus estudos prepararam o caminho para o pensamento científico e filosófico futuro.

> **"O intelecto é o que há de mais rápido, pois corre através de tudo."**
> Tales de Mileto

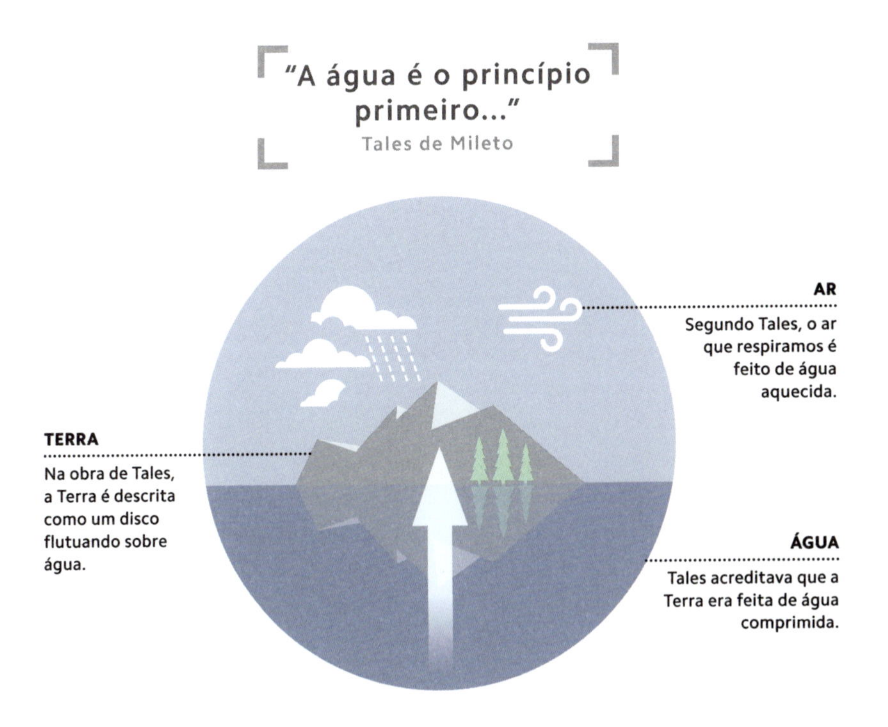

UMA SÓ FONTE

Ao longo de muitos anos, Tales de Mileto (c. 624-c. 546 a.C.) observou que o tamanho de uma ilha de um rio local vinha aumentando. Ele sabia que a água era versátil – que congelava ao esfriar e virava vapor ao esquentar –, então sugeriu que ela estava se condensando em terra e ampliando a ilha. A partir dessa e de outras observações, concluiu que a água era a fonte de todas as coisas. Seu colega filósofo, Anaxímenes (c. 585-c. 525 a.C.), discordou: ele alegava que o ar, e não a água, era a substância primária.

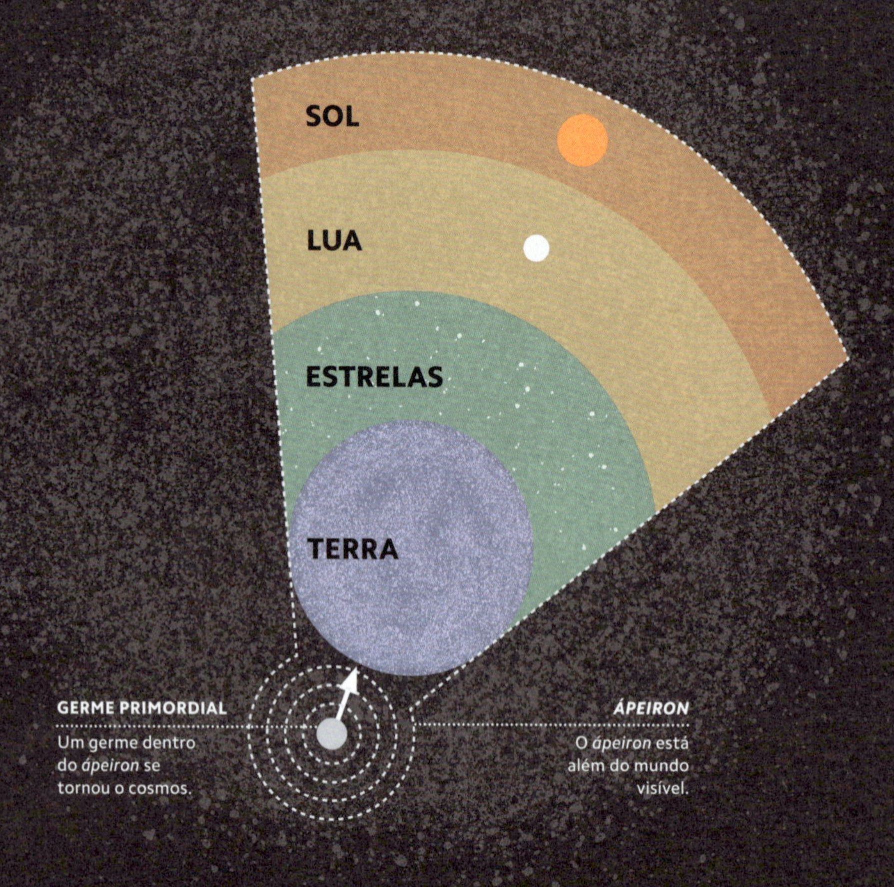

UMA ORIGEM INCOGNOSCÍVEL

Anaximandro (c.610-546 a.C.) questionou como a água ou o ar poderiam ser substâncias primárias (ver p. 11). Ele afirmou que o mundo foi primeiro um germe que nasceu de uma substância que não é possível conhecer, chamada *ápeiron* ("o indefinido"). No início, forças opostas – como quente e frio, seco e úmido – emergiram do germe, criando a Terra com as estrelas, a Lua e o Sol ao seu redor.

O DOMÍNIO DOS NÚMEROS

Pitágoras (c. 570-c. 495 a.C.) afirmou que o mundo é regido por números. Por exemplo, ele descobriu que a mesma nota musical se repete num tom mais alto quando a corda em que ela é tocada se divide ao meio. De modo similar, ele encontrou relações matemáticas entre essas e outras notas, formando uma escala de oito (uma oitava). Seus seguidores levaram a ideia além, sustentando que as distâncias entre o Sol, a Lua e os planetas correspondem aos intervalos entre as notas musicais, criando um tipo de música: a "harmonia das esferas".

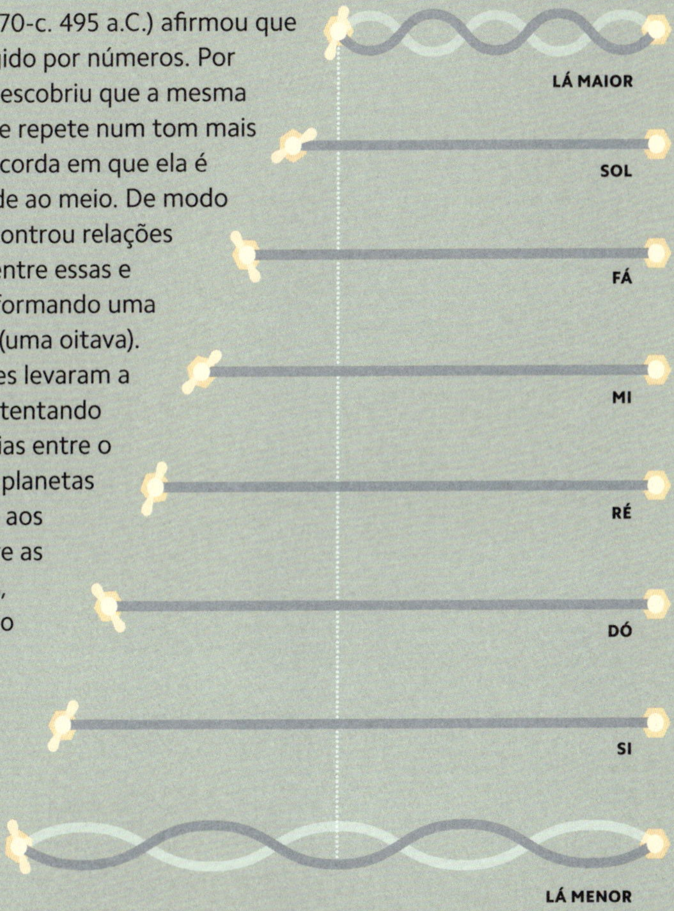

A oitava
Pitágoras descobriu que, se uma corda musical soa com a nota lá, uma corda com metade de seu comprimento produzirá a mesma nota uma oitava acima.

> **"O número rege as formas e as ideias."**
> Pitágoras

TUDO FLUI

ÁGUA

Quando esfriado, o vapor se torna água, que forma lagos.

Heráclito (c. 535-c. 475 a.C.) declarou que a base implícita de tudo é a mudança. Ele afirmava que o cosmos é um campo de batalha de forças opostas, mas, em vez de ser danoso, esse conflito sustenta o mundo. Assim como a luz requer a escuridão, o dia precisa da noite, e a vida, da morte. Ele chamava o princípio que rege a mudança de *"logos"*.

VAPOR

Quando aquecida, a água se torna vapor, que forma nuvens.

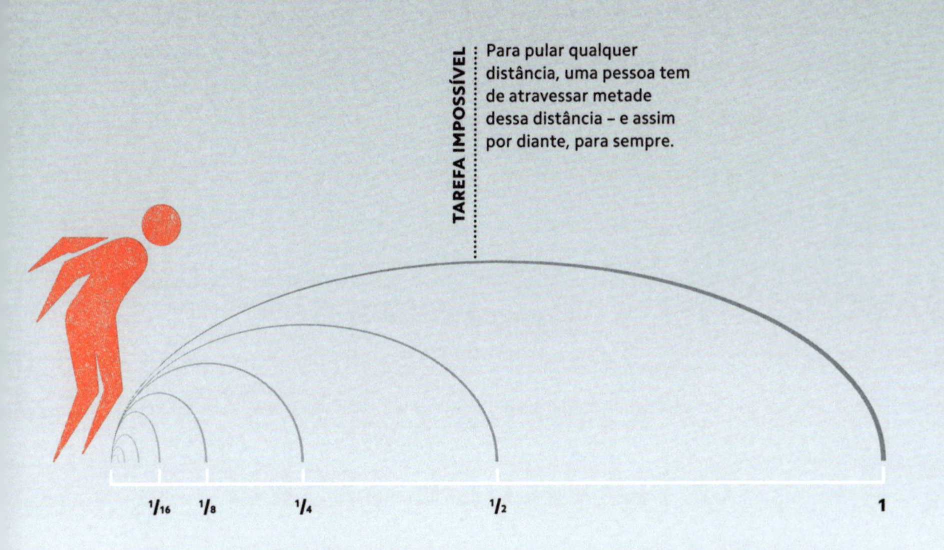

A MUDANÇA É IMPOSSÍVEL

Zenão de Eleia (c. 490-430 a.C.) afirmava que a mudança (ver ao lado) é impossível, e que quaisquer mudanças que as pessoas veem são ilusões. Por exemplo, num argumento conhecido como paradoxo (proposição segundo a qual algo improvável deve ser verdadeiro), ele mostrou que alguém que se mova qualquer distância terá de percorrer metade dela primeiro. Porém, para isso, teria de percorrer antes metade *desta* distância, e assim por diante, indefinidamente. Como uma distância sempre pode ser dividida por dois, todo movimento requer que se percorra um número infinito de meias distâncias, o que é impossível. Com base nisso, Zenão pôde concluir que o movimento é uma ilusão.

O navio original
No início, o navio está em perfeitas condições.

Partes substituídas
Com o passar dos anos, as partes danificadas do navio são substituídas.

O NAVIO DE TESEU

Um experimento mental da Grécia Antiga diz respeito à natureza da identidade. Se as partes componentes de um objeto são substituídas com o passar do tempo, ele continua a ser o mesmo objeto? Para ilustrar o problema, os gregos usaram o exemplo do lendário navio de Teseu, que foi totalmente restaurado ao longo de um século.

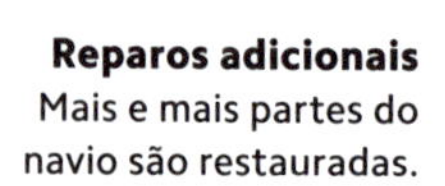

Reparos adicionais
Mais e mais partes do navio são restauradas.

O navio restaurado
Por fim, todas as partes foram substituídas – mas é o mesmo navio?

ÁTOMOS ETERNOS

Leucipo (início do século v a.C.) e Demócrito (c. 460-371 a.C.) afirmaram que a matéria não podia ser dividida infinitamente e, assim, tinha de ser composta de unidades básicas indivisíveis, a que chamaram de "átomos". Eles pensavam que os átomos existiam num vazio, que lhes permitia mover-se e combinar-se com outros átomos para formar diferentes substâncias. Acreditavam também que os átomos seriam eternos e imutáveis: quando um objeto se desintegra, seus átomos sobrevivem e se recombinam, formando novas substâncias. Isso significa que os átomos que constituem o corpo humano não seriam destruídos após a morte, mas dispersados para se tornar outra coisa.

Átomos redondos
Segundo Demócrito, há átomos de vários formatos, cada um com uma propriedade diferente. Por exemplo, os átomos dos líquidos são redondos e lisos e passam uns pelos outros com facilidade.

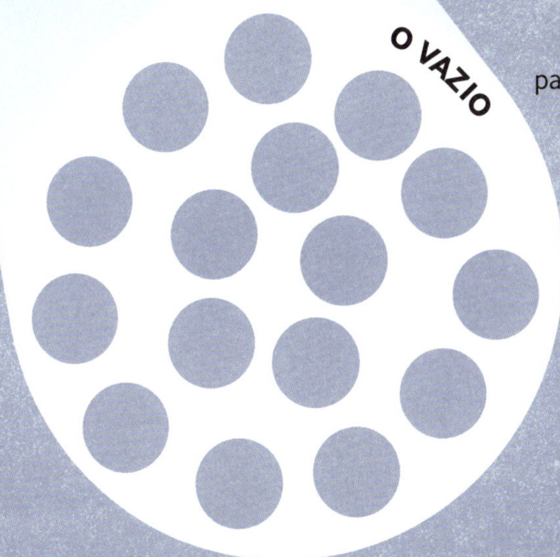

UM REINO DE IDEIAS

Platão (427-347 a.C.) acreditava que as pessoas obtinham conhecimento usando a razão, e não confiando apenas em seus sentidos (ver p. 34). Ele notou, por exemplo, que experienciamos diferentes tipos de cães, mas não o que eles têm em comum – ou seja, o cão definitivo, ou ideal. Ele alegava que o cão ideal existia, mas no reino perfeito das Formas – um mundo que não podemos ver, mas que contém as Formas ideais de todas as coisas. Platão declarou que a razão nos diz que esse mundo deve existir.

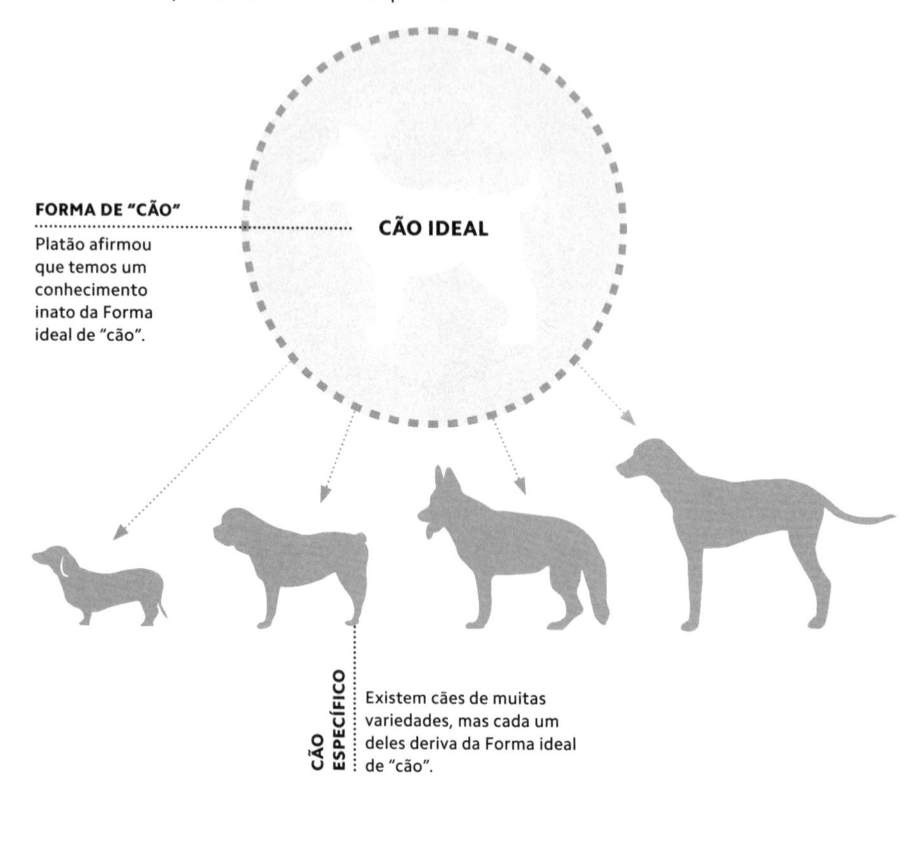

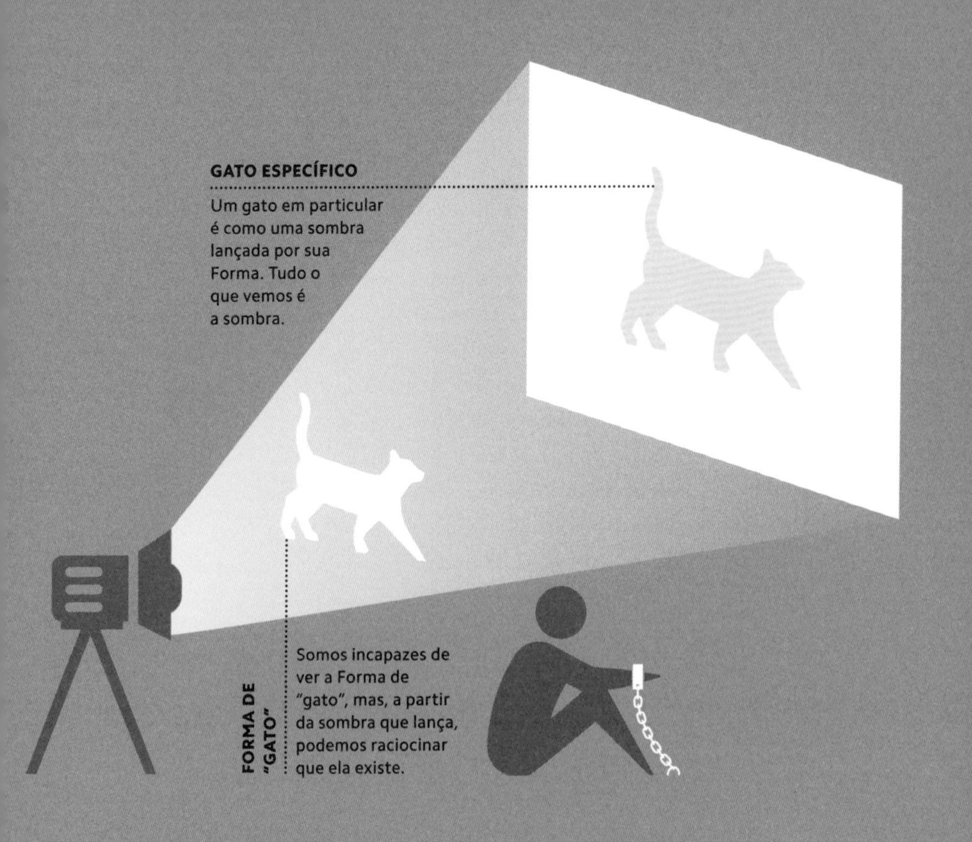

UM MUNDO DE SOMBRAS

Platão ilustrou sua teoria das Formas (ver ao lado) com uma alegoria. Ele comparou os seres humanos a prisioneiros numa caverna que só podem se voltar a uma direção: uma parede na qual sombras se movem. Atrás deles, objetos passam em frente de uma fonte de luz, criando as sombras que veem. Para Platão, é com essa imprecisão que percebemos a realidade: tudo o que vemos são sombras lançadas pelas Formas. Porém ele afirmava que poderíamos deixar a caverna – ou seja, perceber a realidade como é de verdade – usando a razão para entender as Formas.

FORMAS TERRENAS

Aristóteles (384-322 a.C.) rejeitou a teoria da Formas de Platão (ver p. 18). Ele afirmou que só obtemos conhecimento por meio da experiência, e que a essência de um cão, por exemplo, é o conjunto de características que os cães têm em comum. Segundo Aristóteles, o que torna um cão diferente de uma girafa é a sua configuração, e coisas diferentes são concebidas para finalidades diferentes (ver p. 22). Ele acreditava que a forma de algo correspondia ao que era configurada: era o que transformava a matéria (que ele pensava ser feita de quatro elementos terrenos) em um tipo particular de coisa.

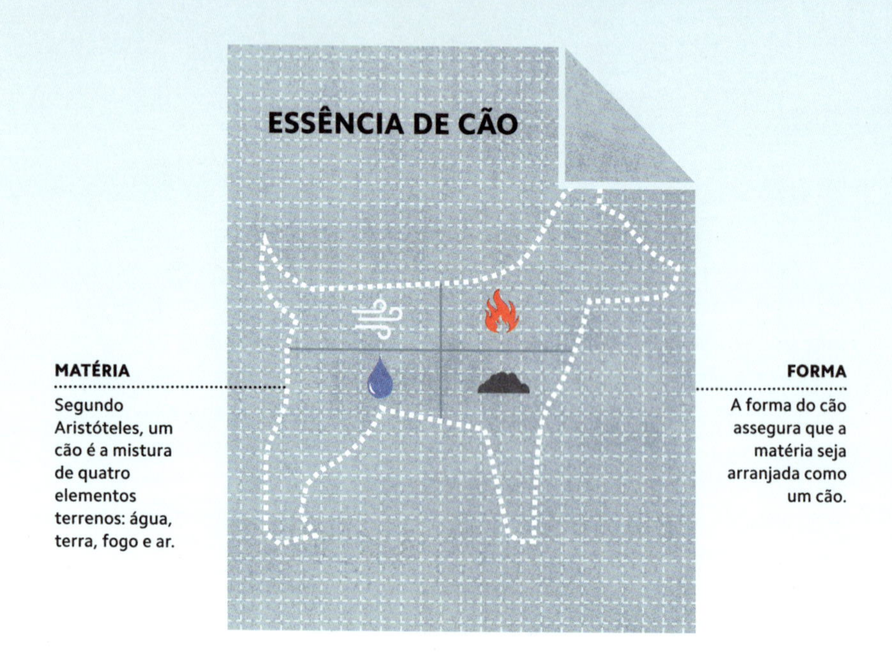

Causa material
A causa material de uma coisa é a matéria de que ela é feita. No caso de uma cadeira de madeira, sua causa material é a madeira.

Causa formal
A causa formal de uma coisa é sua concepção física. A causa formal de uma cadeira de madeira é o projeto preparado por um marceneiro.

Causa eficiente
A causa eficiente de uma coisa é o processo que a leva a existir. No caso de uma cadeira, é o trabalho realizado pelo marceneiro.

Causa final
A causa final de uma coisa é o objetivo para o qual ela é feita. A finalidade de uma cadeira é que alguém se sente nela.

A NATUREZA DAS COISAS

Para Aristóteles, conhecer uma coisa é conhecer quatro aspectos sobre ela: sua composição física; seu projeto; as circunstâncias que a levaram a existir; e sua finalidade. Ele chamava esses quatro aspectos de "causas" – respectivamente, a causa material, a formal, a eficiente e a final.

Ser humano
A finalidade de um ser humano é raciocinar. Usando a razão, os seres humanos podem entender os *teloi*, ou finalidades das coisas.

TUDO TEM UMA FINALIDADE

Aristóteles afirmou que tudo tem um *telos*, ou finalidade. A finalidade de uma semente, por exemplo, é germinar e crescer como planta, ao passo que a finalidade da planta é desenvolver sementes e se reproduzir. Do mesmo modo, a finalidade da chuva é regar a terra, permitindo o crescimento das plantas, que por sua vez fornecem alimento para animais e seres humanos.

Maçã
A finalidade de uma maçã é ser comida e liberar sementes. Suas sementes dão origem, então, a macieiras.

Argila
A finalidade da argila é ser modelada por seres humanos. Ela pode ser trabalhada na forma de vasilhas, tijolos e estátuas.

O MOTOR NÃO MOVIDO

Aristóteles afirmava que o universo não teve início, mas que algo deve ter posto os corpos celestes em movimento. Porém, como tudo tem uma causa, segue-se que qualquer evento ou ser que tenha posto os céus em movimento deve também ter uma causa. Para evitar uma cadeia retroativa infinita de causas, Aristóteles propôs a ideia de uma causa primeira, ou "motor não movido", que pôs o universo em movimento. Hoje, podemos também perguntar: se o universo começou com o *Big Bang*, então o que causou o *Big Bang*?

> "Nada se move por acaso; sempre deve haver algo presente que cause o movimento."
>
> Aristóteles

CAUSA PRIMEIRA

Se todo movimento tem uma causa, o que causou o primeiro movimento? Aristóteles chamou a isso de "motor não movido".

CAUSAS DIVINAS

Al-Ghazali (c. 1058-1111) discordou da ideia aristotélica de que os corpos celestes foram postos em movimento num momento específico no passado (ver p. 23). Ele afirmou que isso não deixava espaço para a vontade de Deus, que, segundo ele, estava ativa no mundo em todos os momentos. Al-Ghazali sustentava que não havia uma conexão necessária entre os eventos – que, por exemplo, se algo fosse posto no fogo, não precisava queimar, mas fazia isso porque Deus assim desejava. Séculos depois, David Hume fez uma observação similar sobre causa e efeito (ver p. 40).

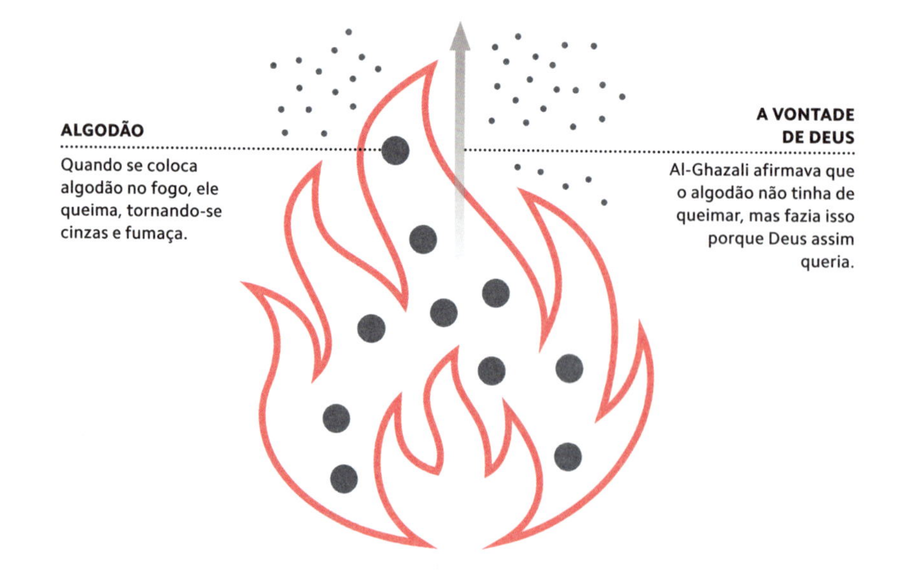

UM CORPO INCERTO

Sob circunstâncias normais, nossos corpos parecem reais. Porém é fácil duvidar de sua existência.

UMA MENTE CERTA

Desprovida de toda estimulação sensorial, uma pessoa pode duvidar da existência de seu corpo – mas não de que ela existe como mente consciente ou alma.

O HOMEM FLUTUANTE

Ibn Sina (c. 980-1037), também conhecido como Avicena, imaginou como seria se alguém flutuasse no ar de olhos fechados, sem receber nenhuma informação de qualquer um dos sentidos. Em tal estado, uma pessoa poderia imaginar que seu corpo não existe, ou que seus membros não estão presos ao corpo – mas não poderia duvidar de sua existência como um ser pensante consciente. Para Ibn Sina, isso mostrava que a mente, ou alma, é separada do corpo – uma conclusão que René Descartes tirou de um experimento similar, séculos depois (ver p. 32).

DEUS EXISTE?

Santo Anselmo de Cantuária (c. 1033-1109) acreditava que a existência de Deus podia ser provada logicamente. Ele fez isso em seis passos, naquele que é conhecido como "argumento ontológico" (ver abaixo).

> "Deus não fez nada mais valioso que a existência racional capaz de desfrutar dele."
>
> Santo Anselmo

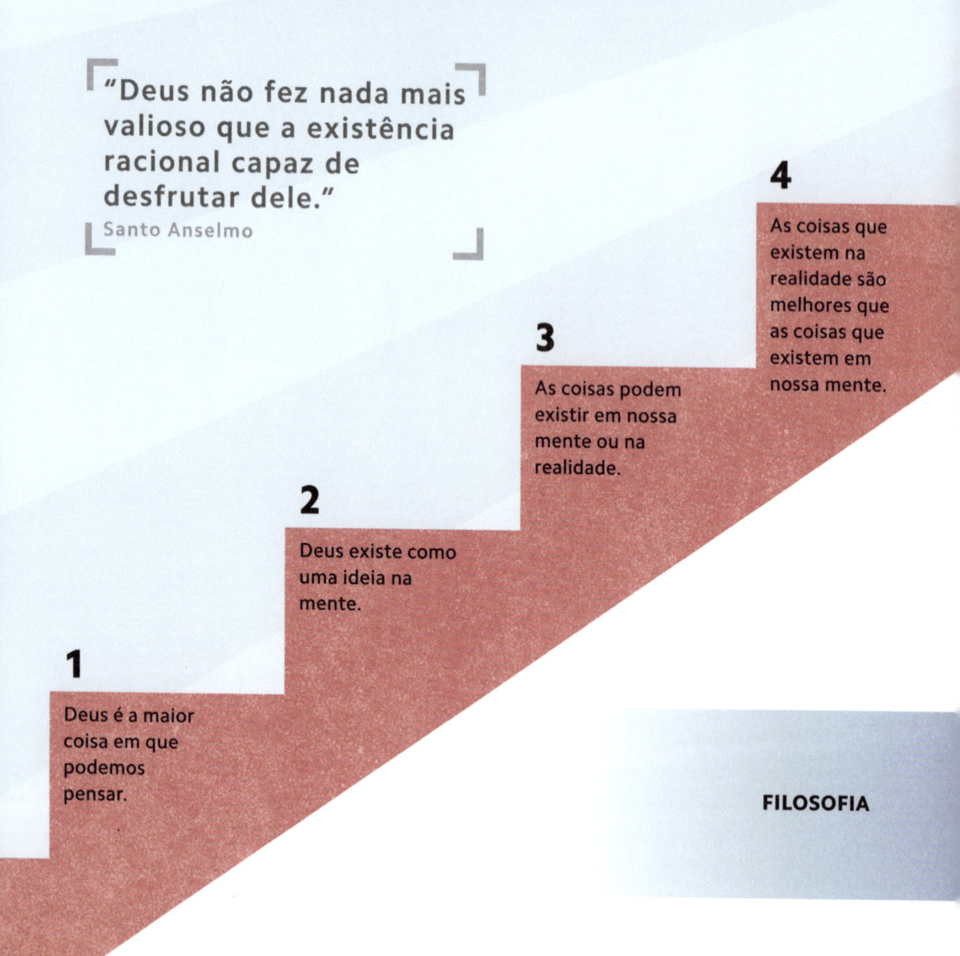

FILOSOFIA

6

Portanto, Deus deve existir na realidade.

5

Se Deus só existisse em nossa mente, não seria a maior coisa em que podemos pensar.

RELIGIÃO E FILOSOFIA SÃO COMPATÍVEIS?

Ibn Rushd (1126-1198), também conhecido como Averróis, acreditava que religião e filosofia eram compatíveis. Ele as via como dois métodos diferentes para encontrar a verdade e afirmava que, como "a verdade não pode contradizer a verdade", os estudiosos religiosos deveriam reinterpretar as escrituras sempre que elas contradissessem a filosofia. Ibn Rushd distinguia a alegoria (textos com significado oculto, simbólico) da dedução (ver p. 144) e pensava que, quando uma escritura desafia a razão, deve ser interpretada alegoricamente.

ALEGORIA

RELIGIÃO

IDEIAS GERAIS

Os universais são ideias gerais, como "gato" ou "triângulo". Platão observou que apenas vemos gatos ou triângulos específicos, mas nunca o gato ou triângulo definitivos (ver p. 18). Porém, se as pessoas nunca têm a experiência de ideias gerais, como podemos conhecê-las, e em que sentido elas existem? Essas questões deram origem a duas escolas de pensamento filosófico: o realismo, segundo o qual os universais existem independentemente de nossa experiência; e o nominalismo, que afirma que são generalizações baseadas em nossa experiência de coisas particulares.

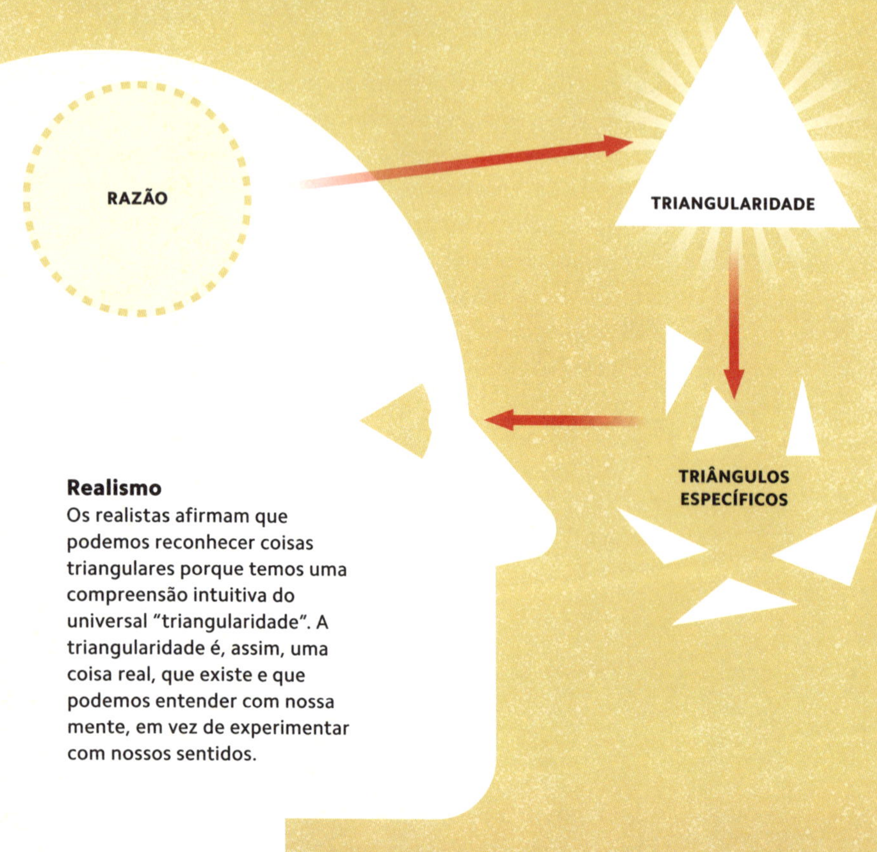

Realismo
Os realistas afirmam que podemos reconhecer coisas triangulares porque temos uma compreensão intuitiva do universal "triangularidade". A triangularidade é, assim, uma coisa real, que existe e que podemos entender com nossa mente, em vez de experimentar com nossos sentidos.

> "Não há nenhum universal fora da mente e que verdadeiramente exista em substâncias individuais."
>
> Guilherme de Ockham

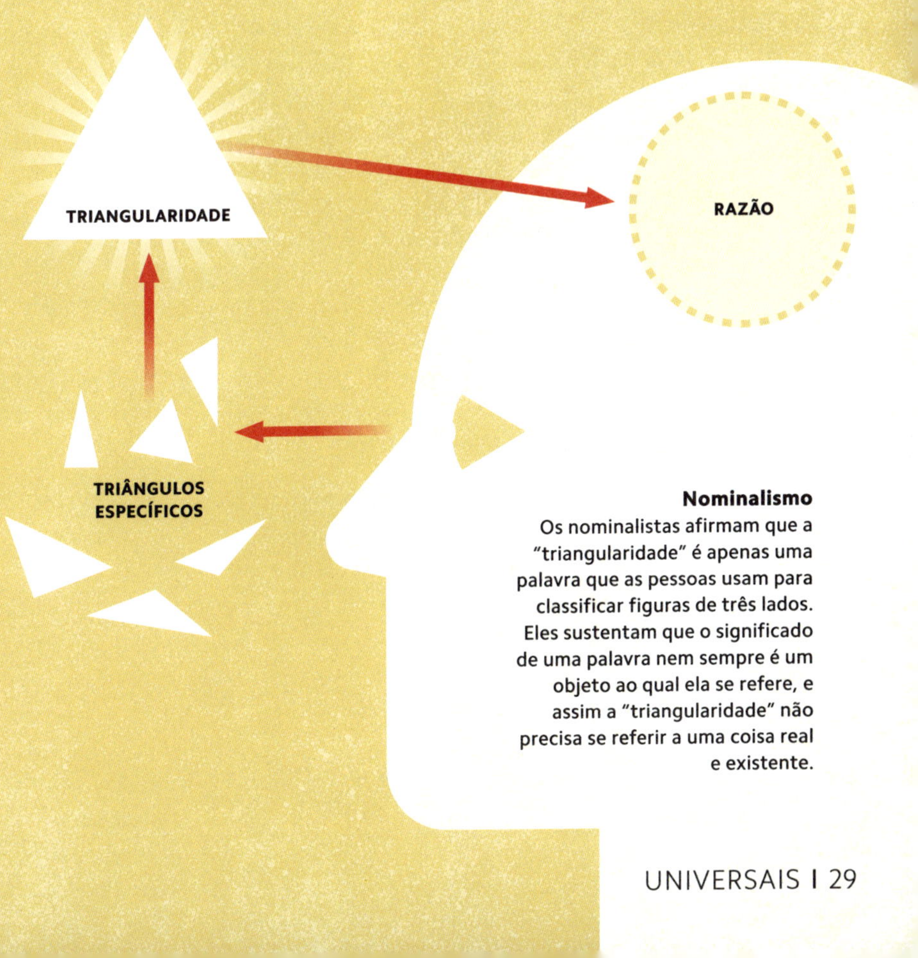

Nominalismo

Os nominalistas afirmam que a "triangularidade" é apenas uma palavra que as pessoas usam para classificar figuras de três lados. Eles sustentam que o significado de uma palavra nem sempre é um objeto ao qual ela se refere, e assim a "triangularidade" não precisa se referir a uma coisa real e existente.

A NATUREZA

A MENTE

O MUNDO COMO UM MECANISMO DE RELÓGIO

No século XVII, os cientistas acreditavam que o mundo era como uma máquina. Thomas Hobbes (1588-1679) concordava com essa visão, dizendo que o universo era feito apenas de matéria física e que o livre-arbítrio era uma ilusão. Ele afirmou que tudo funcionava como um mecanismo de relógio, e que leis naturais acionavam o mundo de maneira predeterminada. Mesmo nossos pensamentos, ele sustentou, não passavam de eventos físicos no cérebro. Essa ideia de que o universo é feito só de um tipo de coisa é conhecida como monismo, e a ideia de que essa coisa é matéria física é chamada de materialismo.

O CORPO

UM UNIVERSO DE MENTES

Como Thomas Hobbes, Gottfried Leibniz (1646--1716) era monista (ver ao lado). Porém ele acreditava que o universo era composto de entidades semelhantes à mente, que ele chamou de "mônadas". Ele afirmou que, como as coisas físicas podiam ser divididas, não poderiam ser as unidades básicas que formavam o universo, as quais, portanto, deveriam ser não físicas. Sendo não físicas, as mônadas não existiam no espaço físico, o que significava que não podiam interagir entre si. Leibniz as descreveu como isoladas, imateriais e infinitas em número.

"Cada substância é um mundo à parte, independente de tudo, a não ser de Deus."
Gottfried Leibniz

PENSO, LOGO EXISTO

René Descartes (1596-1650) foi um cientista que tentou responder à questão "O que posso saber com certeza?". Ele aplicou o que é conhecido como "método da dúvida" a suas crenças, só aceitando-as como verdadeiras se não houvesse outra possibilidade lógica. Esse processo o levou a acreditar que poderia duvidar de absolutamente tudo, com exceção do fato de que estava pensando e, portanto, de que existia.

Sonho
Como muitas vezes nos sentimos acordados em nossos sonhos, é possível que nossa experiência no mundo agora também seja um sonho.

Ilusão de óptica
Somos facilmente enganados por ilusões de óptica, então nossos sentidos não são confiáveis.

PENSO, LOGO EXISTO

Certeza
Tudo poderia ser uma ilusão, à exceção do fato de que estamos pensando.

O demônio de Descartes
Toda nossa vida poderia ser uma farsa, montada por um espírito maléfico.

MATÉRIA

René Descartes duvidava da existência de seu corpo, mas não de sua existência como um ser pensante (ver ao lado). Se seu corpo, porém, podia ser uma ilusão, onde se localizavam os pensamentos? Sua resposta foi que existiam dois mundos: o mundo material do corpo e o imaterial da mente. No mundo material, os objetos têm localização, massa e forma, e tudo funciona como um mecanismo de relógio.

A REALIDADE DIVIDIDA EM DUAS

MENTE

No mundo imaterial, nossos pensamentos são totalmente livres. Descartes pensava que, dentre toda a criação, só os seres humanos desfrutavam dessa liberdade, e que com ela poderíamos filosofar e ter uma vida espiritual. Ele aventou que os mundos material e imaterial se encontravam na glândula pineal do cérebro, mas não podia explicar como interagiam – um tópico importante no campo conhecido como filosofia da mente (ver pp. 76-91).

VERDADES DA RAZÃO

O racionalismo é a crença em que os seres humanos obtêm conhecimento principalmente por meio do raciocínio em vez da experiência. Ele se baseia na ideia de que nossos sentidos não são confiáveis, mas que há vários tipos de afirmações (p. ex. "2 + 2 = 4") das quais não se pode duvidar e que sabemos intuitivamente ser verdadeiras. Muitos racionalistas alegam que a matemática toda é verdadeira, nesse sentido intuitivo, e que, assim como nos oferece a matemática, a razão também pode fornecer princípios científicos e éticos.

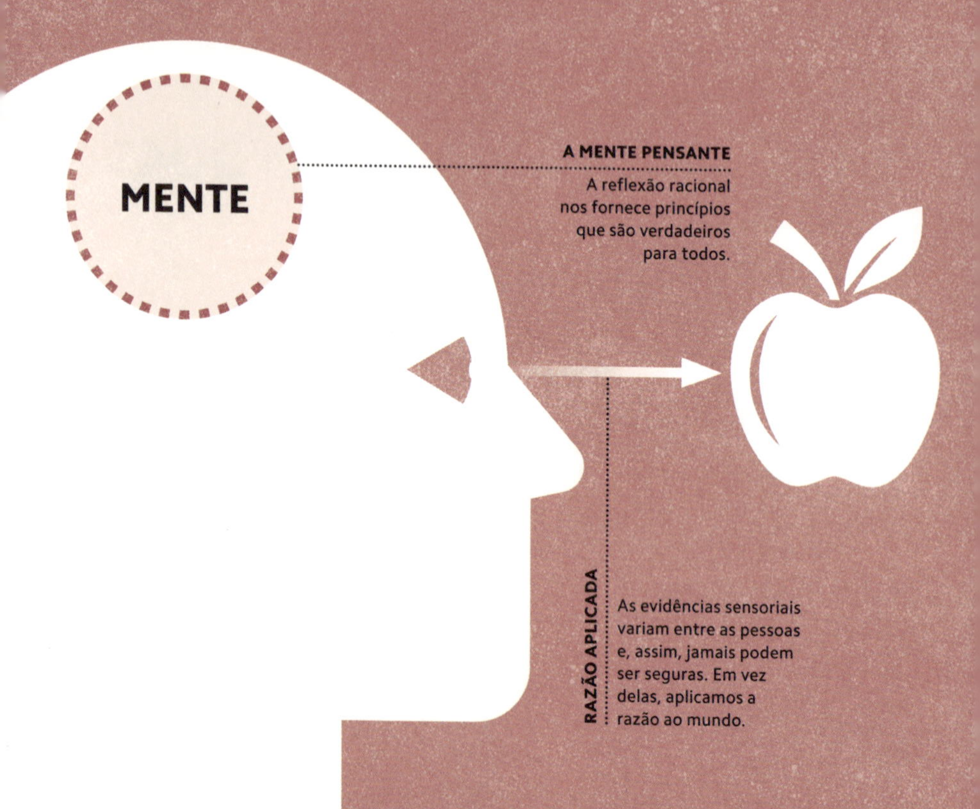

AS PESSOAS NASCEM COM IDEIAS

Muitos racionalistas (ver ao lado) acreditam que já nascemos com ideias na mente. Segundo Platão, essas são ideias gerais, como "triângulo" ou "vermelho", que nos permitem reconhecer triângulos e coisas vermelhas específicas. René Descartes pensava que as verdades matemáticas também eram inatas (ou conhecidas por nós ao nascer), porque afirmações como "2 + 2 = 4" são verdades autoevidentes. Platão e Descartes declaravam, ambos, que embora nasçamos com ideias na mente, era a experiência que as trazia à consciência.

VERDADES DA EXPERIÊNCIA

O empirismo é a crença em que obtemos conhecimento basicamente pela experiência em vez da razão. Diversamente dos racionalistas (ver p. 34), os empiristas afirmam que a matemática não nos fornece conhecimento, mas apenas um quadro de referência com o qual pensar sobre o mundo. O primeiro empirista moderno foi John Locke (1632-1704). Seguindo Aristóteles, ele afirmava que nossos sentidos nos forneciam conhecimento e que o raciocínio era o processo pelo qual organizamos nossas experiências. Com o foco na observação, o empirismo é a base da ciência moderna.

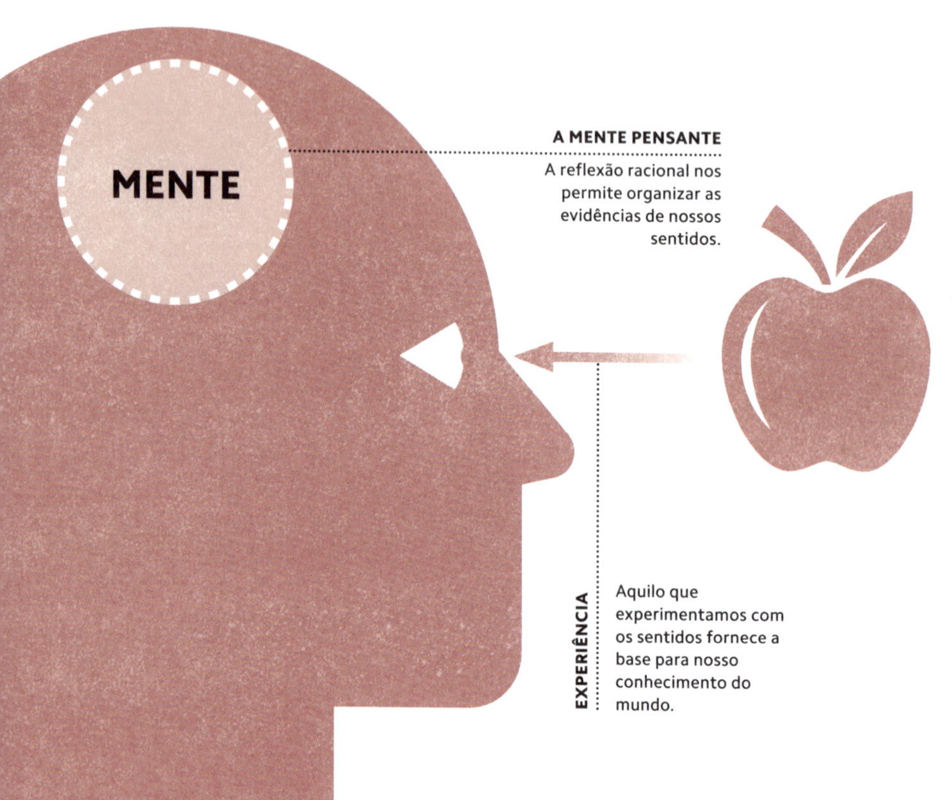

Nenhuma ideia
Um nascituro não tem ideias. Locke descrevia sua mente como um "papel em branco" à espera de ser escrito pela experiência.

Desenvolvimento de ideias
Com a experiência, as crianças formam ideias simples, como "macio" e "seco". Estas se tornam ideias mais complexas, como "brinquedo" e "textura".

TODO CONHECIMENTO É APRENDIDO

Os empiristas (ver ao lado) acreditam que o conhecimento tem início no nascimento, quando experimentamos o mundo pela primeira vez. John Locke descreveu a mente como um "papel em branco" no nascimento. Segundo ele, primeiro as crianças têm ideias de sensação, que vêm do mundo externo por meio dos sentidos. Estas se desenvolvem em ideias mais complexas de reflexão, que vêm da própria mente. Embora negasse a existência de ideias inatas (ver p. 35), Locke afirmava que tínhamos uma capacidade inata de raciocinar.

SÓ AS IDEIAS EXISTEM

George Berkeley (1685-1753), como John Locke, pensava que as pessoas só obtinham conhecimento por meio da percepção (ver pp. 36-37). Berkeley, porém, afirmou que, como a experiência de qualidades como gosto e cor pode variar entre as pessoas, não haveria garantia de que todos perceberíamos o mundo do mesmo modo. Ele concluiu que a realidade consistia inteiramente de mentes e suas ideias – uma teoria conhecida como idealismo subjetivo – e que não havia justificativa para acreditar que o mundo material exista.

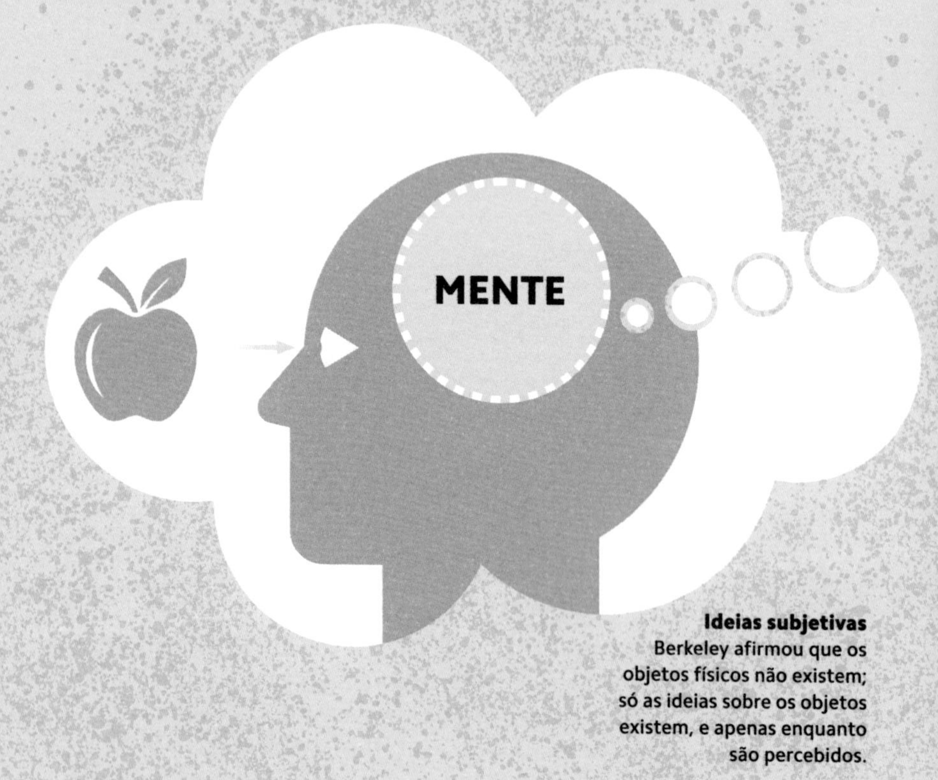

Ideias subjetivas
Berkeley afirmou que os objetos físicos não existem; só as ideias sobre os objetos existem, e apenas enquanto são percebidos.

Eu fictício
Hume afirmava que o eu era simplesmente um conjunto de impressões sobre o mundo – e que apenas parecia ter uma identidade fixa.

NÃO HÁ UM MUNDO EXTERIOR

David Hume (1711-1776) declarou que o conhecimento era obtido por experiência e nunca era seguro. Segundo ele, os seres humanos jamais poderiam ter certeza de que o mundo externo existe. E concordava com George Berkeley em que, embora as pessoas tivessem ideias sobre o mundo, não poderiam provar que o mundo existia de forma independente dessas ideias (ver ao lado). Hume propôs que o mundo externo e o "eu" que o percebe seriam ficções criadas pela mente para dar coerência às experiências humanas.

> **"O homem sábio [...] conforma suas crenças às evidências."**
> David Hume

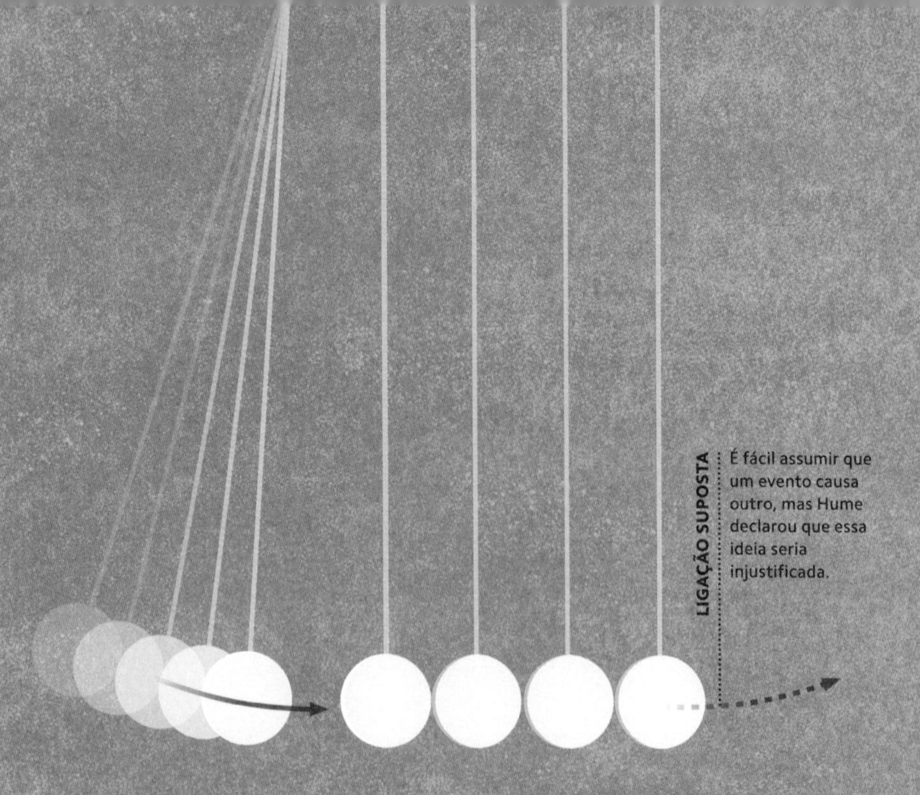

A CIÊNCIA QUESTIONADA

Hume acreditava que não importava quantas vezes víssemos um evento se seguir a outro – por exemplo, uma bola quicando quando bate no chão –, nunca teríamos justificativa para fazer declarações gerais, como "Bolas quicam no chão". Isso porque sempre seria possível que, um dia, o segundo evento não se seguisse ao primeiro. Ele afirmou que, ainda que experimentemos uma "conjunção constante" de eventos (em outras palavras, eventos ocorrendo juntos), não haveria necessariamente uma conexão entre eles. A teoria de Hume questionou a natureza da ciência. O método científico (ver p. 150) usa a indução: ele tira conclusões gerais sobre o mundo a partir de observações específicas, exatamente do modo considerado injustificado por Hume.

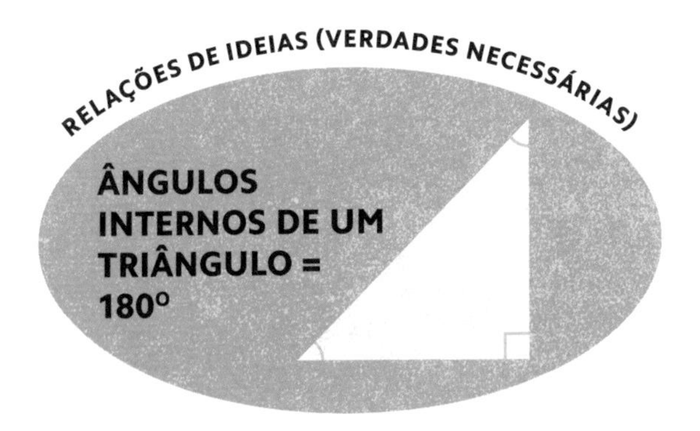

A FORQUILHA DE HUME

Usando uma distinção conhecida como "Forquilha de Hume", David Hume afirmou que haveria dois tipos de verdade: "relações de ideias" e "questões de fato". As relações de ideias (p. ex. "Os ângulos internos de um triângulo somam 180 graus") são verdades necessárias: são verdadeiras por definição e, portanto, não podem ser negadas sem contradição. As questões de fato (p. ex. "Está chovendo") são verdades contingentes: não são verdadeiras por definição, mas verdadeiras ou falsas dependendo do contexto. Segundo Hume, só as relações de ideias seriam seguras: sempre é possível que as questões de fato (que incluem os juízos científicos) estejam erradas (ver ao lado).

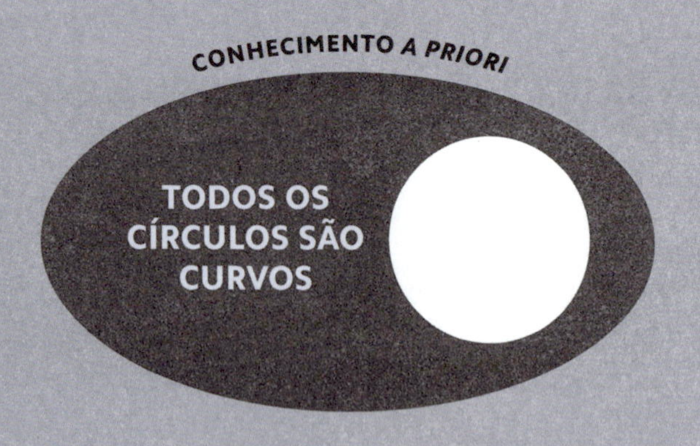

DOIS TIPOS DE CONHECIMENTO

Immanuel Kant (1724-1804) distinguiu o conhecimento *a priori*, que independia da experiência, do conhecimento *a posteriori*, obtido através da experiência. Como David Hume (ver p. 41), Kant afirmava que o conhecimento *a priori* incluía ideias que seriam verdadeiras por definição (p. ex. "Todos os círculos são curvos"), mas também acreditava que ele abarcava algumas ideias gerais sobre o mundo (p. ex. "Todo evento tem uma causa"). O conhecimento *a posteriori* incluía enunciados científicos (p. ex. "O Sol é feito de gás") e só poderia ser adquirido por meio da experiência.

DOIS TIPOS DE JUÍZO

Segundo Immanuel Kant (ver ao lado), haveria dois tipos de juízo. O juízo analítico (p. ex. "Todos os círculos são redondos") seria aquele verdadeiro por definição e que conteria, assim, conhecimento *a priori*. O juízo sintético (p. ex. "Todos os planetas são redondos") forneceria informação que iria além da definição de um conceito e conteria, assim, conhecimento *a posteriori*. Porém Kant também afirmava que haveria juízos *a priori* sintéticos (p. ex. "Os objetos têm localização"), que teriam de ser verdadeiros, mas também fariam mais que meramente definir um conceito.

NOSSA MENTE DÁ FORMA AO MUNDO

Immanuel Kant acreditava que tanto o racionalismo quanto o empirismo (ver pp. 34-37) eram parcialmente verdadeiros. Ele afirmou que, embora obtenhamos conhecimento por meio da experiência, nossa mente seria programada para perceber o mundo de modo particular. Por exemplo, uma criança apreende os conceitos "aqui" e "agora" porque tem uma compreensão inata dos conceitos "espaço" e "tempo". Kant declarou que projetamos duas "intuições" inatas de espaço e tempo sobre os objetos e então os interpretamos nesses termos. Ele também listou doze "categorias" que nos permitem organizar nossas percepções do mundo. Elas incluem os conceitos de realidade, unidade e existência.

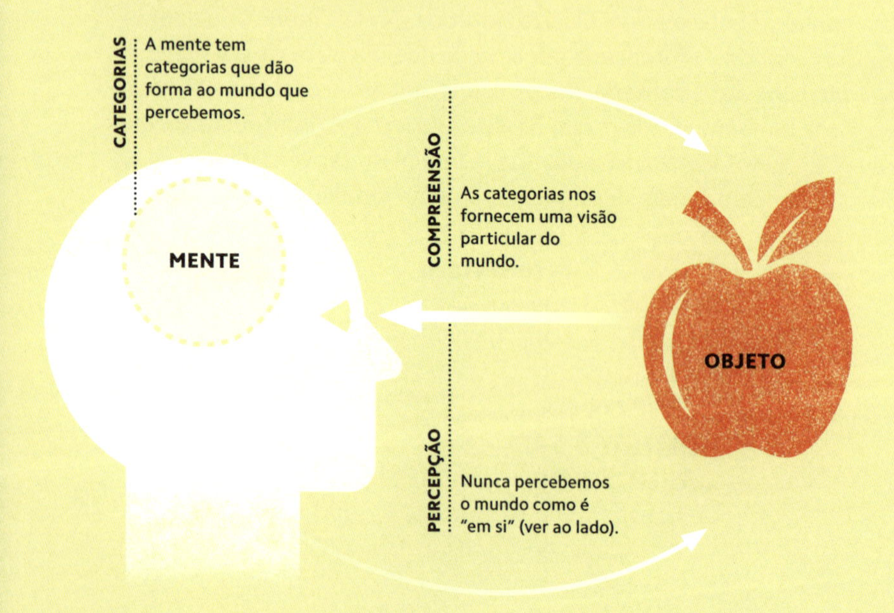

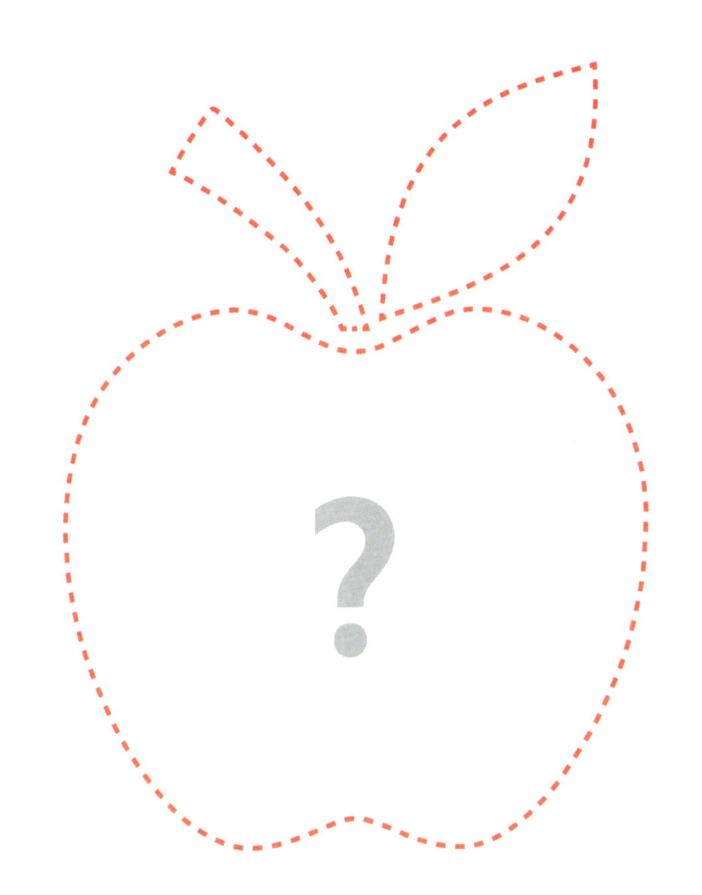

AS COISAS EM SI

Immanuel Kant afirmou que o mundo era moldado por nossa mente – que tudo que experimentamos era filtrado por meio de nossas categorias de compreensão (ver ao lado). Isso significa que uma pessoa que olha uma maçã não a percebe como é "em si", mas como uma representação dela: a maçã real é incognoscível. Essa representação foi o que Kant chamou de "mundo dos fenômenos", que contrapôs ao "mundo dos númenos", que seria o mundo incognoscível das coisas em si.

O MUNDO É ESPÍRITO

Georg W.F. Hegel (1770-1831) afirmou que, se o mundo real não podia ser conhecido (ver p. 45), não haveria nenhuma razão para dizer que ele existe. Numa teoria conhecida como idealismo absoluto, ele propôs que o mundo não se dividia em pensamentos e objetos, mas que tudo era parte de uma só realidade, a que ele deu o nome de "*Geist*", ou "Espírito". O *Geist* é como uma mente universal que evolui continuamente por um processo que Hegel chamou de "dialética" (ver ao lado). Segundo Hegel, os seres humanos são centrais nesse processo: como os seres humanos são parte do *Geist*, sua descoberta de que tudo é *Geist* também é a descoberta de si mesmo pelo *Geist*.

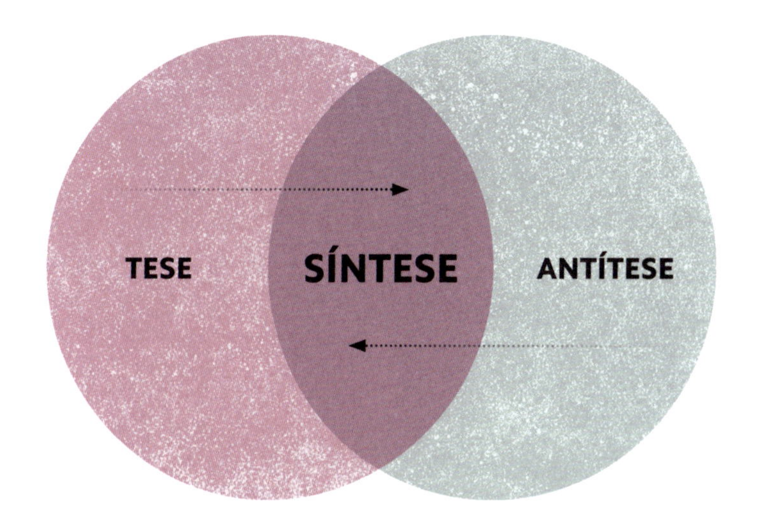

A REALIDADE É UM PROCESSO

Georg W. F. Hegel descreveu o processo pelo qual o *Geist*, ou Espírito, evolui (ver ao lado) como a "dialética". Ele designava desse modo um processo em que uma ideia inicial (uma tese) daria origem a seu oposto (uma antítese), formando juntas uma ideia nova, mais rica (uma síntese). Por exemplo, a ideia "tirania" dá origem a seu oposto, "anarquia", e as duas formam uma síntese na ideia "lei". Hegel afirmou que, por meio da dialética, o *Geist* produzia formas cada vez mais sofisticadas de si mesmo. Ele previu que um dia o *Geist* atingiria o Absoluto – momento em que todas as suas contradições seriam resolvidas e ele voltaria ao estado em que estava no início da dialética, antes de "se esvaziar no tempo". Hegel acreditava que o Absoluto estava próximo e que a história teria, assim, completado seu curso.

REPRESENTAÇÃO

Segundo Schopenhauer, o mundo que experimentamos é apenas uma representação do mundo como é "em si".

VONTADE

O mundo "em si" é a vontade: um impulso inconsciente pela sobrevivência e pela autoexpressão.

"O mundo é a minha representação."
Arthur Schopenhauer

UM IMPULSO INTERIOR

Arthur Schopenhauer (1788-1860) concordava com a distinção de Immanuel Kant entre os mundos dos fenômenos e dos números – ou seja, entre o mundo como o percebemos e o mundo como é "em si" (ver p. 45). Porém, diferente de Kant, acreditava que era possível conhecer o mundo dos números. Ele afirmou que o mundo dos números era a "vontade", um impulso cego e inconsciente para sobreviver. Para Schopenhauer, esse impulso estaria presente em tudo – até na força da gravidade – e seria a fonte última do mundo que experimentamos.

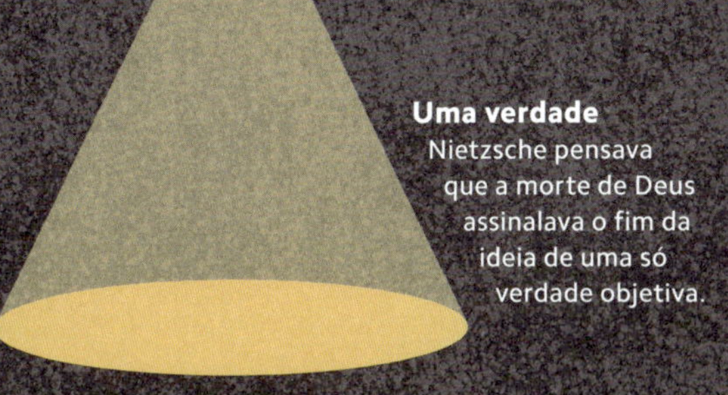

Uma verdade
Nietzsche pensava que a morte de Deus assinalava o fim da ideia de uma só verdade objetiva.

Em *A gaia ciência*, Friedrich Nietzsche (1844-1900) anunciou que "Deus está morto". Com isso queria dizer que a ideia de uma "verdade objetiva" – antes representada por Deus – não podia mais ser justificada racionalmente. Em vez disso, ele afirmou que o que pensamos como "verdade" era simplesmente uma ficção que servia a necessidades particulares. Por exemplo, acreditamos em livre-arbítrio não porque somos livres, mas porque precisamos responsabilizar as pessoas por suas ações. Conhecida como perspectivismo, a teoria de Nietzsche sugere que, uma vez que a verdade é uma questão de perspectiva, existem de fato muitas verdades.

DEUS ESTÁ MORTO

Muitas verdades
Nietzsche afirmava que havia muitas verdades, cada uma das quais expressava uma necessidade humana particular.

> **"Deus está morto! Deus continua morto! E nós o matamos."**
> Friedrich Nietzsche

VERDADE E UTILIDADE

Charles Sanders Peirce (1839-1914) afirmou que era impossível ter uma compreensão completa e exata da realidade. Porém ele pensava que "a verdade" podia ser redefinida em termos da utilidade das ideias ou de suas aplicações práticas. Conhecida como pragmatismo, essa visão foi desenvolvida por William James (1842-1910), que fazia a distinção entre fatos e verdades. Para James, os fatos seriam declarações simples sobre a realidade, ao passo que as verdades seriam teorias sobre a realidade não necessariamente acuradas em termos de representação do mundo, mas que, apesar disso, seriam úteis para satisfazer um propósito particular.

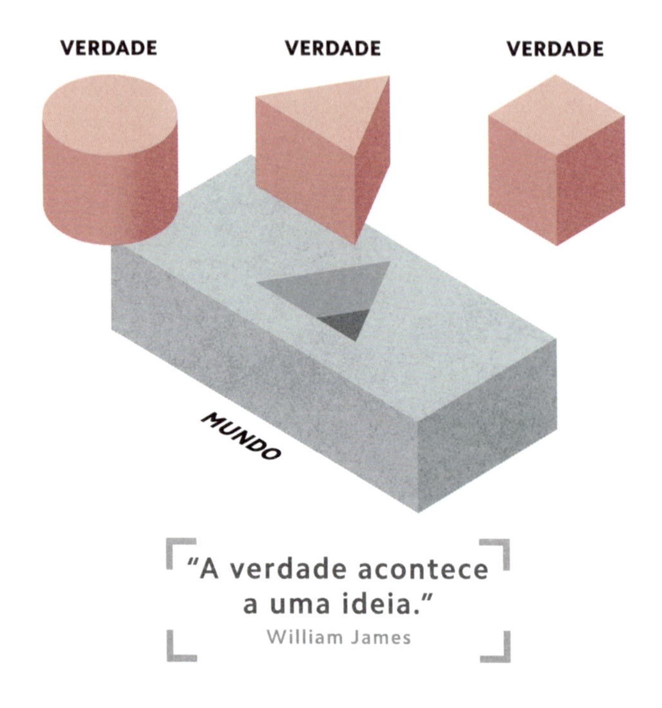

"A verdade acontece a uma ideia."

William James

"A chegada a um objetivo é o ponto de partida para outro."
John Dewey

IDEIAS COMO FERRAMENTAS

Um dos primeiros filósofos a explorar mais o pragmatismo (ver ao lado) foi John Dewey (1859-1952). Ele desenvolveu o que chamou de "instrumentalismo", segundo o qual as ideias não são representações da realidade, mas ferramentas que nos ajudam ou atrapalham em nossa vida. Ele afirmava que as melhores ideias seriam as que nos permitem adaptar-
-nos ao mundo ao nosso redor.

SER E LINGU

AGEM

No início do século xx, duas escolas de pensamento dominavam cada vez mais a filosofia: a tradição "continental" europeia e a emergente abordagem "analítica" britânica. Os filósofos da escola continental continuavam os trabalhos de René Descartes e Immanuel Kant, focando-se, em especial, em questões sobre a natureza da experiência. Enquanto isso, os filósofos da escola analítica, liderados por Gottlob Frege e Bertrand Russell, concentravam-se na análise da estrutura lógica da linguagem. Ativas ainda hoje, essas duas escolas oferecem abordagens da filosofia radicalmente diferentes.

O QUE QUEREMOS DIZER?

Durante séculos, os astrônomos acreditaram que as expressões "estrela da manhã" e "estrela da tarde" se referiam a duas estrelas diferentes, mas na verdade ambas eram o planeta Vênus. Gottlob Frege (1848-1925) afirmou que esse exemplo mostrava que o "sentido", ou significado, de uma palavra não está ligado ao objeto ao qual se refere. Assim, ele distinguiu entre o "sentido" de uma palavra e sua "referência": a coisa à qual se refere. A "estrela da manhã" e a "estrela da tarde" têm ambas Vênus como referência, mas expressam dois sentidos diferentes, dependendo do contexto de "manhã" ou "tarde".

DESMONTE DA LINGUAGEM

Bertrand Russell (1872-1970) acreditava que a linguagem poderia ser desorientadora e que o papel do filósofo era analisar sua estrutura lógica. Por exemplo, ele mostrou que a declaração "O atual rei da França é calvo" parece fazer sentido, mas claramente não era verdadeira. Porém há um problema lógico: o oposto da declaração, "O atual rei da França não é calvo", claramente também não é verdadeiro. Russell propôs que a primeira declaração fazia três asserções: que há um rei da França; que só há um rei da França; e que o rei da França é calvo. Desse modo, o problema da declaração poderia ser identificado: a primeira asserção é falsa, porque não há um rei da França.

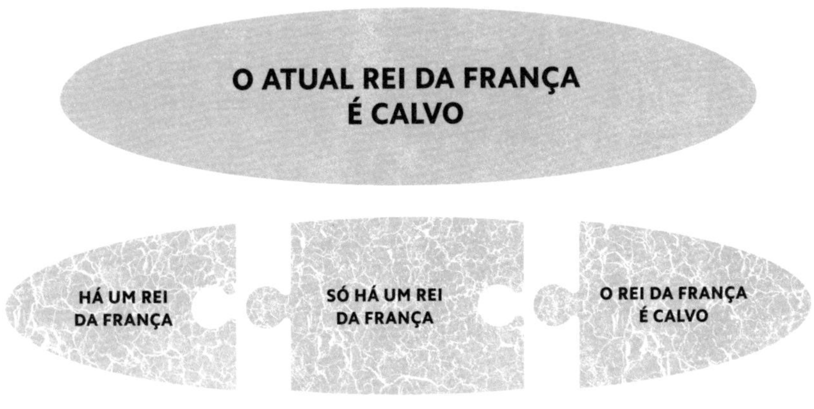

O ATUAL REI DA FRANÇA
É CALVO

HÁ UM REI
DA FRANÇA

SÓ HÁ UM REI
DA FRANÇA

O REI DA FRANÇA
É CALVO

Estrutura subjacente
Russell afirmou que a oração "O atual rei da França é calvo" era de fato uma combinação de três asserções separadas.

JUÍZO DE FATO

ESTE QUADRADO
É AZUL

JUÍZO LÓGICO

OS QUADRADOS
TÊM QUATRO
LADOS

VERDADE E SIGNIFICADO

Um grupo de filósofos do século XX conhecido como Círculo de Viena fundou uma escola de pensamento chamada positivismo lógico, com o fim de fornecer uma base científica à filosofia. Eles afirmavam que o significado de uma sentença era seu método de verificação – como ela se provava verdadeira. Juízos de fato podem ser verificados pela observação, e juízos lógicos podem ser verificados pelo raciocínio. Qualquer outro tipo de juízo – como uma declaração de preferência estética – não pode ser verificado, sendo, portanto, não significativo.

JUÍZO NÃO SIGNIFICATIVO

OS QUADRADOS
SÃO BONITOS

RETRATO DO MUNDO

No início de sua carreira, Ludwig Wittgenstein (1889-1951) acreditava que a função da linguagem era fazer "retratos" do mundo, que segundo ele é constituído de "fatos", ou combinações de objetos existentes. Ele afirmava que uma oração significativa era aquela que podia ser reduzida a declarações sobre fatos simples, ou "átomos" de significado (p. ex. "uma maçã" ou "uma mesa"), e que qualquer sentença que não possa representar um fato observável – por exemplo, expressando em vez disso um valor – é, portanto, não significativa. Porém ele também acreditava que as obras de arte eram capazes de "mostrar" coisas que não podiam ser ditas, de um modo que ele descreveu como "místico".

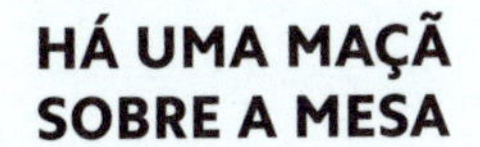

Criação de sentido Wittgenstein acreditava que a linguagem espelhava a realidade, e assim uma oração significativa seria aquela que "faz um retrato" do mundo.

FECHE COM TIJOLOS

ISSO É UM TIJOLO

ISSO PARECE UM TIJOLO

Uma palavra, muitos usos
Segundo Wittgenstein, a palavra "tijolo" pode funcionar como uma sentença de uma única palavra. Dependendo de como é usada, seu significado pode ser o nome de um objeto, uma ordem, uma pergunta, uma comparação ou um aviso.

CUIDADO: TIJOLO CAINDO

TRAGA-ME UM TIJOLO

QUER UM TIJOLO?

O USO DAS PALAVRAS

Em textos posteriores, Ludwig Wittgenstein afirmou que era um erro pressupor que o significado de uma palavra era um objeto ao qual ela se referia (ver pp. 54, 57). Ele declarou que, em vez disso, as palavras tinham incontáveis finalidades, e que aprender a falar era como aprender uma série de jogos. Esses "jogos de linguagem", como os chamou, seriam modos socialmente pactuados de usar as palavras (ver ao lado) que nos permitiam não só nomear objetos como também expressar sentimentos e influenciar pessoas. Para Wittgenstein, falar é uma "forma de vida" – um modo de comportar-se, e não simplesmente uma maneira de categorizar objetos.

UMA LINGUAGEM PRIVADA É IMPOSSÍVEL

Em seus escritos finais, Wittgenstein afirmou que grande parte da filosofia moderna se baseava na falsa suposição de que há coisas que só os indivíduos podem conhecer, em pensamentos privados, a exemplo da certeza de René Descartes de que só ele existia (ver p. 32). Wittgenstein declarou que esses pensamentos privados seriam impossíveis, porque eles ocorrem numa língua, e esta não poderia existir sem uma comunidade de pessoas que a usem para falar (ver ao lado). Ele concluiu que não haveria algo como um significado privado e que a certeza não poderia ser encontrada na experiência privada (ver p. 83).

"Imaginar uma linguagem significa imaginar uma forma de vida."
Ludwig Wittgenstein

Significado privado
Sem companheiros usuários da língua, uma pessoa poderia aplicar a palavra "quadrado" a outras formas sem saber que está errada – ou seja, não saberia o que está dizendo.

O SENTIDO DE "EU"

Ludwig Wittgenstein acreditava que o mau uso da linguagem gerava problemas filosóficos (ver p. 59). Por exemplo, se um professor pergunta "Quem roubou o giz?" e um aluno diz "Eu", o aluno usa a palavra "eu" para distinguir-se do restante da classe. Porém, quando René Descartes afirmou "Eu penso, logo existo", usou a palavra "eu" para distinguir-se de seu corpo (ver p. 32). Wittgenstein via isso como um exemplo da língua "saindo de férias". Ele afirmava que, quando a língua era usada de modo "comum", como pelo aluno acima, os problemas filosóficos desapareciam.

"Eu" em filosofia
Wittgenstein pensava que os filósofos usavam palavras como "eu" de modos anormais, e ao fazer isso criavam problemas filosóficos.

TODOS OS CISNES SÃO BRANCOS?

Karl Popper (1902-1994) afirmou que, para que uma teoria seja científica, é preciso que haja condições sob as quais se possa mostrar que ela é falsa. Ele usou o exemplo da teoria "Todos os cisnes são brancos", que é científica porque uma só observação de um cisne negro a refutaria. Popper derrubou a ideia tradicional de que os cientistas tinham de provar que suas teorias eram verdadeiras. Em vez disso, propôs que uma teoria só poderia ser considerada científica com a condição de que pudessem existir evidências que provem que é falsa.

A CONSCIÊNCIA É INTENCIONAL

René Descartes (ver pp. 32-33) e muitos empiristas (ver p. 36) afirmaram que as ideias na mente eram como retratos. Isso suscitou a discussão sobre como tais retratos se relacionavam ao que existia fora da mente. Franz Brentano (1838-1917) subverteu a questão totalmente, alegando que a consciência seria "intencional", ou sempre "sobre" algo. Em outras palavras, ele propôs que os objetos no mundo não estariam fora da consciência, mas em vez disso seriam parte intrínseca dela. Isso permitiu aos filósofos estudarem a consciência como era em si, separadamente da questão de como as ideias se relacionavam à realidade. Brentano chamou esse estudo de "fenomenologia".

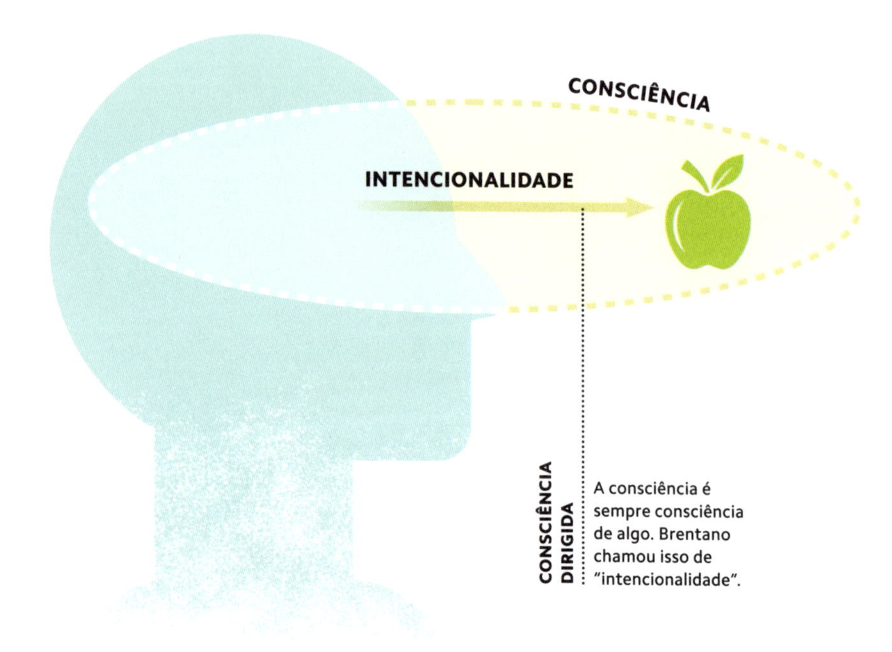

A consciência é sempre consciência de algo. Brentano chamou isso de "intencionalidade".

ESTUDO DA CONSCIÊNCIA

As pessoas em geral presumem que um objeto, como uma maçã, existe no mundo, mas que uma coisa que alguém imagina não. Edmund Husserl (1859-1938) chamou essas suposições de "atitude natural". Para tornar a fenomenologia (ver ao lado) um estudo mais rigoroso da consciência, ele desenvolveu um método destinado a reduzir essa atitude. Ele usou o termo grego "*epoché*" ("suspensão de juízo") para descrever o método, que envolve "colocar entre parênteses", ou ignorar, nossas suposições naturais sobre a consciência. Fazer isso não significa rejeitar essas suposições, mas as impede de interferir na análise da própria consciência.

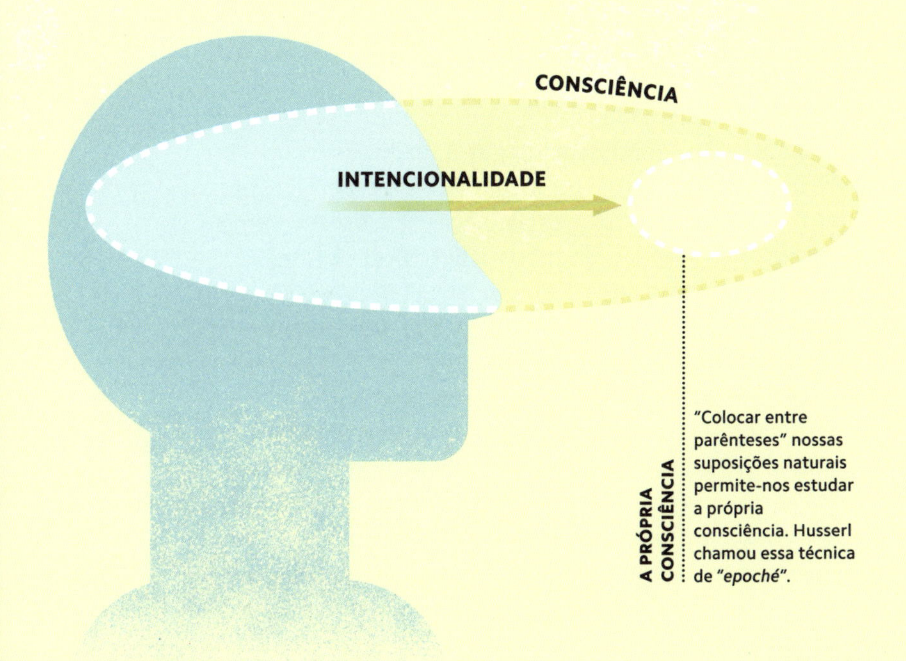

PASSADO

TEMPO

Heidegger afirmou que, conforme o tempo passa, compreendemos o Ser – mas fazemos isso vivendo em vez de teorizando.

SER E TEMPO

Martin Heidegger (1889-1976) pensava que os seres humanos eram continuamente direcionados às coisas – ou seja, aos objetos físicos (p. ex. macieiras) e especialmente a fins futuros (p. ex. a colheita de maçãs). Ele usou o termo "*Dasein*", ou "Ser-no-mundo" para descrever os seres humanos, e afirmou que o *Dasein* "se estende" ao longo do tempo – de condições que existiam antes do presente e em direção ao futuro. Segundo Heidegger, nossa capacidade de compreender seria similarmente distendida – compreender uma coisa não significa formar uma teoria acurada sobre ela, mas, em vez disso, fazer com que seja uma parte integrante de nossa vida. Ele também afirmou que, como o *Dasein* se estendia no tempo, o próprio tempo seria o meio pelo qual o Ser poderia ser compreendido.

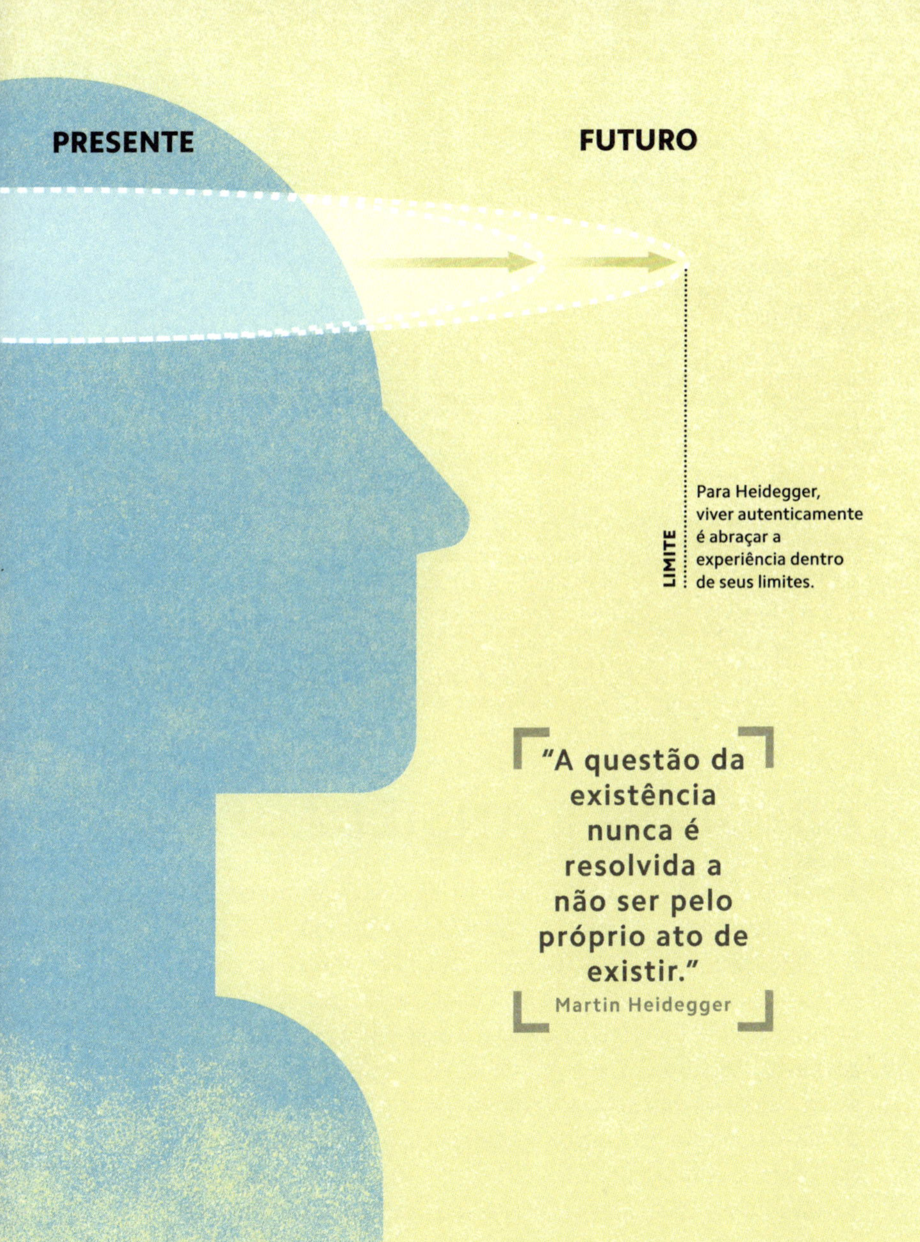

> "A questão da existência nunca é resolvida a não ser pelo próprio ato de existir."
>
> Martin Heidegger

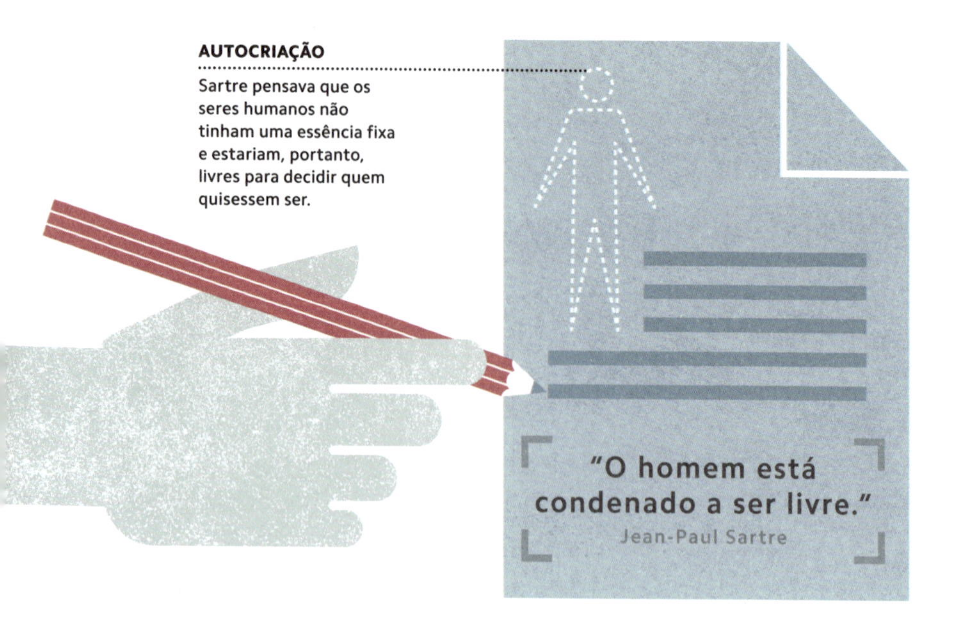

ABSURDO E ANSIEDADE

Jean-Paul Sartre (1905-1980) afirmou que os seres humanos seriam diferentes de todas as outras coisas de dois modos. Primeiro, segundo ele, os seres humanos não teriam uma essência fixa, ou finalidade, como Aristóteles havia sustentado (ver pp. 20-22). Sem uma essência, a existência humana seria, portanto, "absurda". Em segundo lugar, ele declarou que os seres humanos não estavam sujeitos às leis naturais, como a lei de causa e efeito. Em vez disso, eles seriam livres em todos os momentos, embora perceber isso lhes causasse "ansiedade". Sartre afirmou que um ser humano só poderia ser realmente humano – ou, como ele dizia, ser "autêntico" – aprendendo a viver com o absurdo e a ansiedade.

Estudo geral
Compreender o todo de algo nos ajuda a compreender suas partes.

COMPREENSÃO

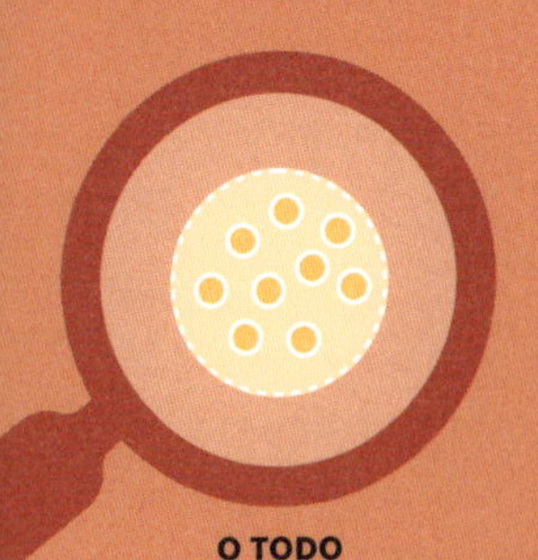

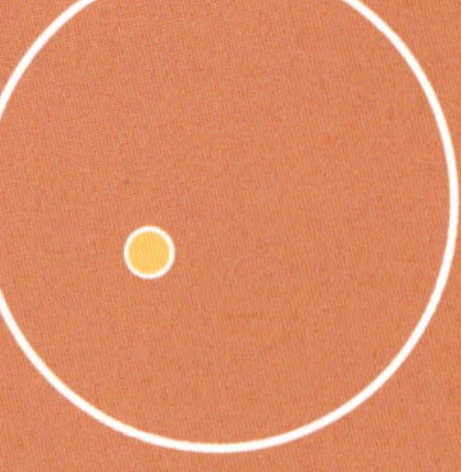

A COMPREENSÃO É CIRCULAR

A hermenêutica é o estudo da compreensão. Seu princípio básico é que a compreensão tem uma estrutura circular. Por exemplo, para fazer uma pergunta, precisamos já conhecer algo da resposta – porque sabemos que há uma questão a apresentar. Do mesmo modo, para compreender o todo de algo, é preciso primeiro ter uma compreensão de suas partes, e compreender uma parte exige uma compreensão do todo. A compreensão é, portanto, um processo circular contínuo, em que refinamos nossas suposições e assim mudamos nossa visão do mundo.

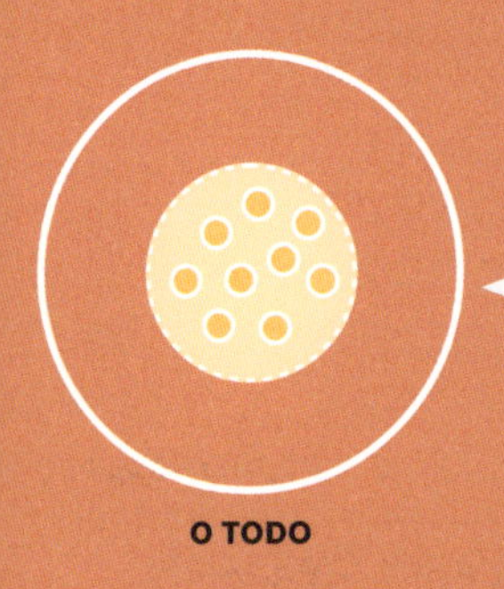

COMPREENSÃO

Estudo detalhado
Compreender as partes de algo nos ajuda a compreender o todo.

DEFINIÇÃO DE FEMINILIDADE

Como existencialista (ver p. 66), era de se supor que Simone de Beauvoir (1908-1986) acreditasse que as pessoas fossem livres para se tornar o que quisessem. Mas ela afirmou que as mulheres não tinham liberdade total. Beauvoir acreditava que elas eram limitadas por uma cultura patriarcal, em que os homens seriam os sujeitos – livres para agir e ver –, enquanto as mulheres seriam objetos a serem vistos e submetidos à ação de outros. Essa cultura estimularia as mulheres a se comportarem de maneiras "femininas" prescritas. Conforme fossem crescendo, as meninas internalizariam seu papel como objeto e poderiam ser oprimidas por ele. Para Beauvoir, as mulheres seriam formadas pela sociedade, e não só por suas escolhas.

Bebê
Uma bebê assim identificada com frequência é chamada de "bonita", e não de "forte" ou "ativa".

Criança
Conforme se desenvolve, a criança do sexo feminino é estimulada a se comportar como uma "menininha".

Jovem
Quando a jovem chega à puberdade, é socializada ainda mais e aprende a ser "recatada".

Adulta
A pessoa adulta do sexo feminino é totalmente socializada para agir "como uma mulher" e ceder diante do homem.

O GÊNERO É UMA PERFORMANCE

Baseando-se nas ideias de Simone de Beauvoir (ver ao lado), Judith Butler (1956-) afirmou que o gênero não seria uma realidade interna ou um estado natural, mas algo que a própria pessoa faria. Em sua visão, o gênero é criado realizando repetidamente atos que são considerados masculinos ou femininos: o modo como a pessoa anda, fala e se comporta a leva a ser vista como macho ou fêmea. Esses atos seguem um roteiro que é ensinado desde o nascimento, e os papéis são reforçados por poderosas normas sociais. Como as identidades de gênero são performativas, podem ser subvertidas com comportamentos que desafiam os papéis de gênero tradicionais. Para Judith Butler, nem mesmo o corpo é simplesmente feminino ou masculino: o próprio sexo é modelado por expectativas culturais sobre gênero.

A MORTE DO HOMEM

O SER SUPREMO

Os humanistas do Iluminismo acreditavam que os seres humanos tinham poderes de raciocínio quase iguais aos de Deus. Segundo Foucault, nenhum desses poderes é possível.

Durante o Iluminismo (séculos XVII-XIX), os filósofos europeus acreditavam que os seres humanos eram essencialmente racionais e capazes de conhecer a verdade sobre o mundo e si mesmos. Michel Foucault (1926-1984) discordou desse modo de ver, conhecido como humanismo. Segundo ele, a visão humanista do "homem" estaria chegando ao fim "como um rosto desenhado na areia na beira do mar". Ele afirmou que o que chamamos de "razão" e "verdade" muda com o tempo: não há uma verdade fixa a encontrar sobre a humanidade, mas *podemos* aprender a pensar e agir de novos modos.

O SIGNIFICADO É A DIFERENÇA

O estruturalismo, tal como desenvolvido por Ferdinand de Saussure (1857-1913), rejeita a visão dos empiristas (ver p. 36) de que a linguagem funciona referindo-se a coisas no mundo. Em vez disso, os estruturalistas alegam que a linguagem é um sistema de signos que existe de modo independente tanto da mente quanto da realidade física. Por exemplo, o significado da palavra "gato" não é aquilo a que se refere no mundo, mas sua diferença de outras palavras. Essas diferenças formam estruturas de significado, que permitem às pessoas se comunicarem e concordarem (ou discordarem) quanto ao que é verdadeiro.

Estrutura simples
Neste exemplo, a palavra "pet" se baseia nas palavras "dono" e "gato" para formar uma estrutura simples de significado.

O SIGNIFICADO NÃO É FIXO

"Somos todos mediadores, tradutores."
Jacques Derrida

Múltiplos significados Neste exemplo, a descrição de uma árvore por um escritor é interpretada de modos diversos por dois leitores diferentes.

Os estruturalistas afirmam que o significado se apoia em estruturas de diferenças entre as palavras (ver p. 71). Os pós-estruturalistas, porém, declaram que essa alegação ignora o papel que o tom, a intenção e o contexto têm na comunicação. Eles também acusam os estruturalistas de presumirem que os significados de palavras como "estrutura" e "linguagem" são fixos independentemente das estruturas em que se supõe que se baseiam. Segundo os pós-estruturalistas, os significados das palavras são muito mais "soltos" que os estruturalistas afirmam – a tal ponto que devemos abandonar a ideia de que a verdade, como expressa na linguagem, refere-se à realidade.

NÃO HÁ UM FORA DO TEXTO

Jacques Derrida (1930-2004) foi um dos mais conhecidos filósofos pós-estruturalistas (ver ao lado). Ele criticou os filósofos da tradição ocidental por presumirem que pontos de referência fixos para a verdade poderiam estar sempre "presentes". Derrida pensava que essa suposição era parte de uma ilusão que ele chamou de "metafísica da presença". Ele usou a palavra "desconstrução" para designar o processo de expor essa ilusão. Usando o exemplo de textos escritos, Derrida afirmou que, como os significados das palavras sempre dependeriam dos significados de outras palavras, seria impossível ter uma compreensão completa delas. Conforme dizia, nunca poderia haver um "fora do texto" que pudesse estar presente e revelar o significado total de qualquer texto.

MICRONARRATIVA

Para Lyotard, a realidade é um conjunto de micronarrativas que se baseiam em verdades locais, em vez de partes de uma história única que abrangeria tudo.

VERDADES LOCAIS

Em seu livro *A condição pós-moderna*, Jean-François Lyotard (1924--1998) definiu o pós-modernismo como uma atitude de "incredulidade em relação às metanarrativas". Com isso ele quis dizer que não podemos mais acreditar nas histórias grandiosas que usávamos antes para dar sentido ao mundo – por exemplo, a descrição bíblica da criação, o relato marxista da história (ver pp. 128-29) ou o progresso da ciência. Na ausência de tais narrativas, todos os eventos são compreendidos de muitas maneiras diversas, que Lyotard chamou de "micronarrativas". Em sua visão, a justiça é mais importante que a verdade: devemos assegurar que as micronarrativas sejam ouvidas e não imediatamente silenciadas por uma narrativa supostamente "universal".

Thomas Kuhn (1922-1996) afirmou que, em circunstâncias normais, os cientistas tinham uma compreensão compartilhada, ou "paradigma", sobre como o mundo funcionaria. Porém, vez ou outra, quando se desenvolvem evidências contra uma teoria científica aceita, a ciência entra em crise. Segundo Kuhn, tais crises só poderiam ser resolvidas quando os cientistas conseguissem olhar para o mundo de novas maneiras – ou, como ele disse, quando o pensamento científico passasse por uma "mudança de paradigma". Uma dessas mudanças ocorreu quando os físicos pararam de pensar em tempo e espaço como algo igual para todos os observadores (como Newton afirmara) e começaram a vê-los como relativos a cada observador (como Einstein declarou). Kuhn afirmou que a ciência só avançaria por meio dessas mudanças de paradigma.

A CIÊNCIA SE ADAPTA

Modos de ver
Kuhn usou a ilusão "pato-coelho" para ilustrar uma mudança de paradigma. A forma pode ser vista como um coelho (com duas orelhas) ou como um pato (de bico aberto).

MENT

MATÉ

E E

R I A

A filosofia da mente se concentra na natureza da consciência e na relação entre mente e corpo. Os filósofos que a estudam são em geral ou dualistas (que acreditam que a mente e o corpo são tipos diferentes de coisas) ou monistas (que acreditam que só existe um tipo de coisa: matéria ou mente, ou algo de que tanto matéria quanto mente sejam aspectos). Outros filósofos afirmam que o "problema mente-corpo" – se a mente e o corpo são separados e como interagem – é insolúvel. Outros ainda dizem que o conceito de "mente" deve ser totalmente abandonado.

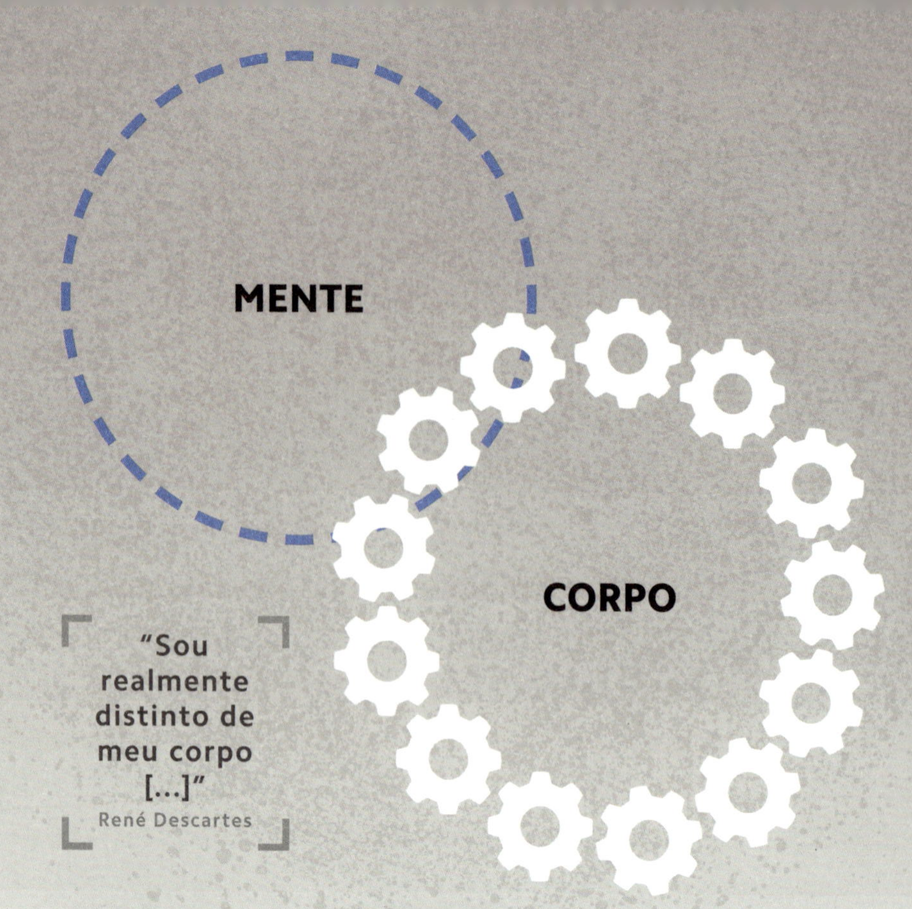

"Sou realmente distinto de meu corpo [...]"
René Descartes

MENTE E CORPO

René Descartes afirmou que os seres humanos seriam feitos de duas substâncias: um corpo material e uma mente imaterial (ver p. 33). Ele fez isso porque acreditava que, apesar de o universo funcionar como um mecanismo de relógio, os seres humanos eram singularmente livres. Porém essa afirmação suscitava a questão de como mente e corpo interagiam. Descartes imaginava que a mente "se junta" ao corpo na glândula pineal do cérebro, que ele descreveu como "o lugar em que todos os nossos pensamentos se formam". Sua teoria, conhecida como dualismo, é popular hoje, mas ainda há questões sobre como a mente pode interagir com o corpo (ver ao lado).

Os fisicalistas afirmam que a ideia de que a mente é separada do corpo (ver ao lado) é imperfeita. Eles sustentam que os objetos físicos podem interagir uns com os outros porque têm localização e massa – mas, como uma mente imaterial não tem nada disso, não pode interagir com o corpo. Os fisicalistas acreditam que o mundo é causalmente completo: ou seja, que uma descrição física do cérebro e dos sentidos corresponde a tudo que há para saber sobre o que causa os eventos na mente. Por essa razão, Gilbert Ryle (1900-1976) chamou o conceito de mente dos dualistas de "fantasma na máquina" – em outras palavras, uma ilusão sem influência sobre o corpo.

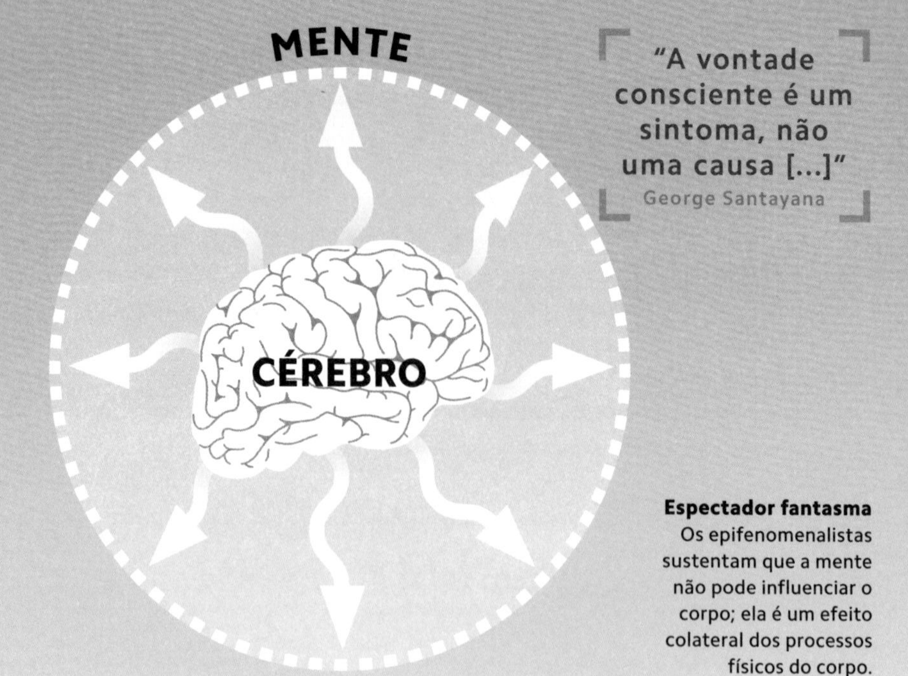

> "A vontade consciente é um sintoma, não uma causa [...]"
> George Santayana

Espectador fantasma
Os epifenomenalistas sustentam que a mente não pode influenciar o corpo; ela é um efeito colateral dos processos físicos do corpo.

A MENTE IMPOTENTE

Muitos dualistas (ver p. 78) aceitam que, uma vez que a mente não é física, não pode interagir com o corpo. Segundo essa visão, a mente é um epifenômeno impotente, ou um subproduto do cérebro. T. H. Huxley (1825-1895), que defendia essa ideia, comparou a mente ao apito de um trem a vapor – um dispositivo acionado pelo vapor produzido pelo motor, mas que não tem um papel no movimento do trem. Os epifenomenalistas afirmam que, se a mente não tem poder sobre o corpo, o livre-arbítrio é uma ilusão. Pesquisas científicas recentes parecem sustentar essa ideia: alguns estudos mostram que há uma atividade significativa no cérebro de uma pessoa até dois segundos antes de ela estar consciente de tomar uma decisão.

HUMANO OU ZUMBI?

Muitos filósofos afirmam que, se o conhecimento se baseia na percepção, nunca poderemos ter certeza de que outras pessoas são conscientes – pois só podemos perceber seus corpos, não suas mentes. Presumimos que as outras pessoas são conscientes e têm vida interior como a nossa, mas elas podem, na verdade, ser zumbis que simplesmente agem como seres humanos. Embora acreditemos que as outras pessoas têm mente, porque reagem ao mundo como nós (p. ex. chorando de dor ou rindo), suas reações poderiam ser puramente mecânicas e não envolver nenhuma mente propriamente dita.

Nós mesmos
Sabemos que somos conscientes porque temos pensamentos, sentimentos e sensações.

Os outros
Não podemos perceber os pensamentos de outras pessoas e, assim, não podemos ter certeza de que elas são conscientes.

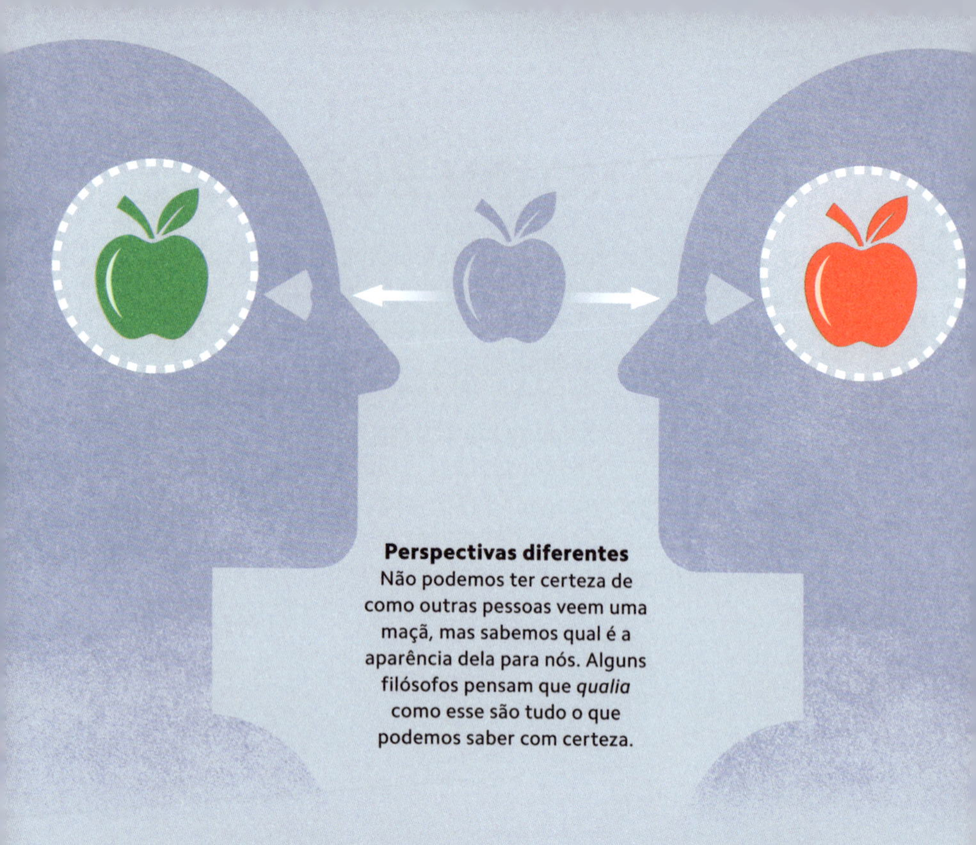

Perspectivas diferentes
Não podemos ter certeza de como outras pessoas veem uma maçã, mas sabemos qual é a aparência dela para nós. Alguns filósofos pensam que *qualia* como esse são tudo o que podemos saber com certeza.

EXPERIÊNCIA IMEDIATA

As *qualia* são as qualidades da experiência imediata – como a vermelhidão de uma rosa ou a sensação de dor. Não são descrições dessas qualidades (que podem ser compartilhadas), mas as próprias qualidades, que só podem ser conhecidas ao serem vivenciadas. A existência das *qualia* tem sido usada como evidência de que a teoria do materialismo (ver p. 30) é errada. Por exemplo, os dualistas (ver p. 78) sustentam que um relato físico sobre a audição explica como o som afeta o ouvido, mas não como é experimentar o som de música. Segundo essa visão, o materialismo ignora o fato de que as pessoas são sujeitos de experiência e têm perspectivas privadas, "internas".

QUESTIONAMENTO DAS *QUALIA*

Ludwig Wittgenstein questionou o conceito de *qualia* (ver ao lado). Num experimento mental, ele imaginou uma comunidade em que cada um tinha uma caixa em que mantinha algo que chamava de "besouro", sem que ninguém mais tivesse permissão de vê-lo. Wittgenstein afirmou que, em público, a palavra "besouro" poderia significar "o que quer que mantemos em nossas caixas", mas não poderia nunca se referir a qualquer coisa específica – porque não haveria acordo quanto ao que seria um "besouro". Porém ele argumentou que em particular a palavra também não teria significado, porque os significados das palavras são convenções públicas compartilhadas (ver p. 59). Ele concluiu que as *qualia* são como os "besouros" – coisas sobre as quais ou se pode falar (portanto, não são privadas) ou não têm nenhum significado.

LINGUAGEM CORPORAL

Alguns filósofos, conhecidos como behavioristas, sustentam que a questão de como a mente interage com o corpo (ver p. 78) tem origem numa confusão de linguagem. Eles afirmam que os dualistas presumem erradamente que as pessoas têm dois tipos de traços: traços físicos, que se relacionam ao corpo (p. ex. altura); e traços mentais, relativos à mente (p. ex. inteligência). Em vez disso, segundo os behavioristas, todos os traços humanos são de natureza física ou comportamental: as pessoas são "sagazes" ou "felizes" porque se comportam de modos específicos, não porque sua mente tenha traços de "sagacidade" ou "felicidade". Os behavioristas alegam que o que os dualistas chamam de "atributos mentais" são apenas tendências a se comportar de certo modo.

Comportamento triste
Os behavioristas afirmam que aprendemos palavras como "triste" associando-as a certos tipos de comportamento.

"As mentes não são peças de um mecanismo de relógio; elas são só peças de um não mecanismo de relógio."
Gilbert Ryle

ESPAÇO MENTAL
Para Ryle, a ilusão de que temos um espaço onde "pensamos" vem da ideia da mente como uma "coisa" imaterial.

O DUALISMO ESTÁ ERRADO

POR QUE ISSO?

DISCURSO INTERNO
Na visão de Ryle, o ato de pensar envolve ter conversas imaginárias em que problemas são analisados e resolvidos.

Fala imaginária
Gilbert Ryle sustentava que pensar era também um comportamento – uma forma de fala imaginária. Ele também afirmava que, uma vez que falar seria uma atividade pública, não haveria nada necessariamente privado em relação a nossos pensamentos.

A MENTE É O CÉREBRO

Em anos recentes, os fisicalistas (ver p. 79) afirmaram que estados mentais seriam o mesmo que estados cerebrais. Por exemplo, U. T. Place (1924-2000) comparou os termos "sensação" e "estado cerebral" a "relâmpago" e "descarga elétrica", declarando que em ambos os casos há referência à mesma coisa física – simplesmente um modo de descrever é mais formal que o outro. Ele sustentou que na vida diária falamos informalmente sobre emoções e intenções, mas que uma explicação precisa da consciência deveria se referir apenas a cérebro e processos cerebrais.

> **"Dois eventos que sempre ocorrem juntos ao mesmo tempo no mesmo lugar [...] não são dois, mas o mesmo evento."**
>
> Edwin G. Boring

A MENTE COMO MITO

Alguns fisicalistas (ver ao lado) alegam que os conceitos que usamos em geral para explicar o comportamento humano são tão desorientadores que deveriam ser abandonados em favor de termos científicos. Conhecidos como materialistas eliminativistas, afirmam que a linguagem comum usa ideias míticas – como crenças, desejos e intenções –, que não conseguem explicar como os seres humanos realmente funcionam. Segundo os materialistas eliminativistas, o maior de todos os mitos é a própria mente, a qual não é nada além de uma rede de processos físicos.

Entidades míticas
Alguns fisicalistas afirmam que o "eu", como um deus, é um ser imaginário que não explica o comportamento humano.

ZEUS ESTÁ COM RAIVA

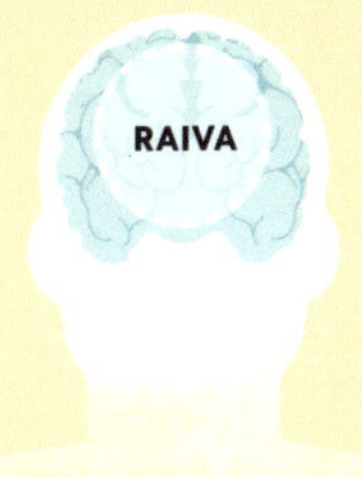

ESTOU COM RAIVA

Juízos de realidade
Os materialistas eliminativistas pensam que a frase "estou com raiva" deveria ser substituída por uma afirmação sobre o cérebro.

HÁ UMA TEMPESTADE AQUI

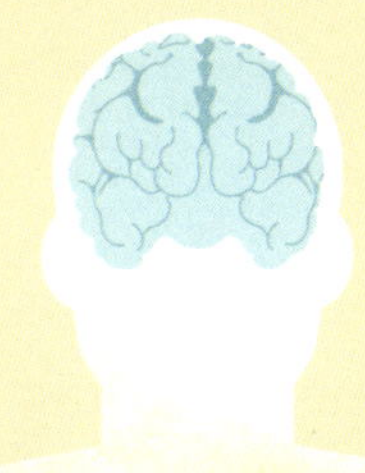

UM CÉREBRO ESTÁ FAZENDO "X"

UMA MÁQUINA PODE PENSAR?

Alguns filósofos se concentram no que a mente faz, e não no que ela é. Conhecidos como funcionalistas, eles afirmam que, se um ser humano e uma máquina podem realizar as mesmas tarefas cognitivas, devem ser considerados igualmente inteligentes. Para os funcionalistas, os estados mentais humanos – como pensar ou acreditar – são como programas de computador que rodam na máquina do cérebro.

Avaliação de inteligência
Os funcionalistas acreditam que julgar a inteligência de um ser significa julgar seu comportamento, e não sua constituição física.

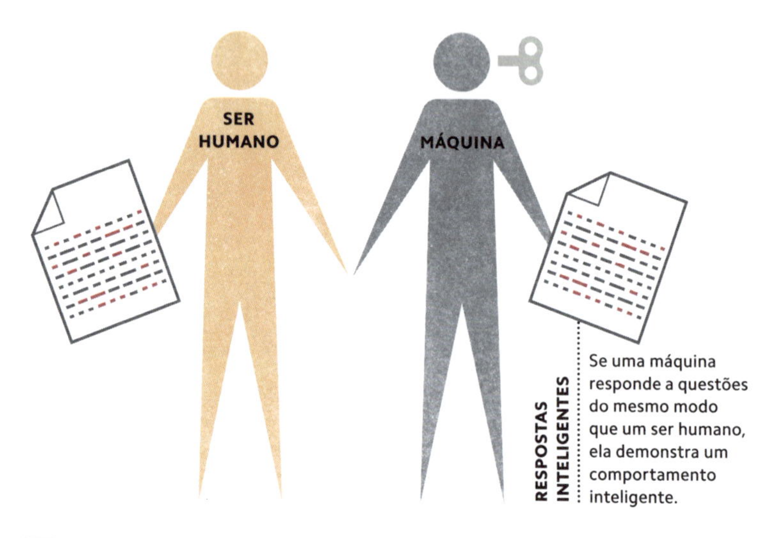

> "Por que não poderíamos dizer que todos os autômatos [...] têm vida artificial?"
>
> Thomas Hobbes

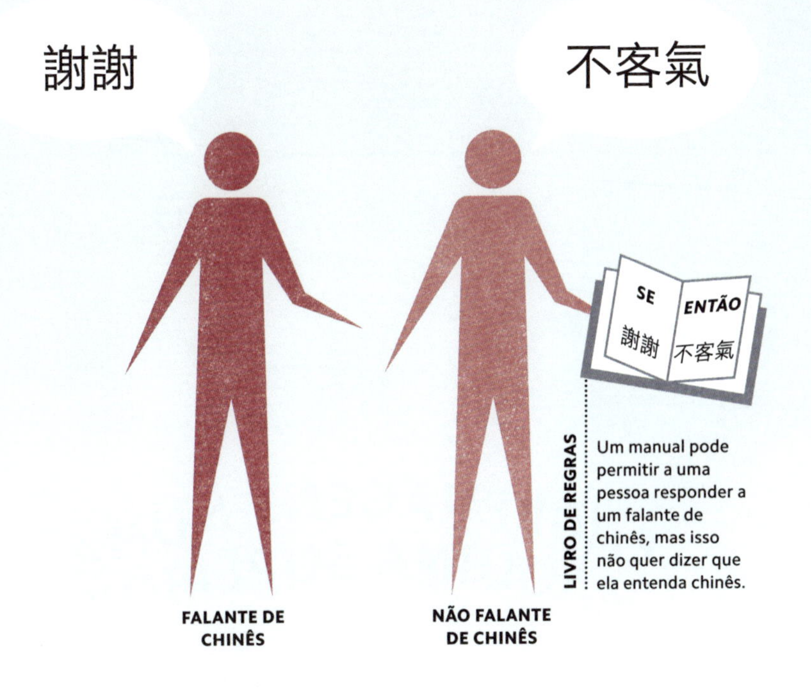

COMPREENSÃO HUMANA

John Searle (1932-) refletiu que os funcionalistas (ver ao lado) ignoravam a principal diferença entre seres humanos e máquinas: que os seres humanos entendem, mas as máquinas não. Ele afirmou que, enquanto os seres humanos têm línguas com sintaxe (estrutura gramatical) e semântica (significado), as máquinas só teriam instruções, que são equivalentes apenas à sintaxe. Ele equiparou a diferença a alguém que entende chinês, comparado a alguém que segue um manual com regras para falar em chinês.

ENGRENAGENS NUMA MÁQUINA SUPERIOR

Bento de Espinosa (1632-1677) afirmou que, assim como a altura e a cor eram dois atributos dos objetos físicos, mente e matéria seriam dois atributos de uma substância subjacente – a que ele se referia tanto como "Deus" quanto como "natureza". Espinosa não acreditava num criador sobrenatural, mas num Deus que existia em todas as coisas, e pensava que mente e matéria eram os dois aspectos de Deus que os seres humanos entendiam. Ele acreditava que, assim como a altura de um objeto não determinava sua cor, a matéria não determinava a mente e vice-versa: as duas operariam em paralelo.

UM MISTÉRIO INSOLÚVEL

Os misterianistas afirmam que a consciência é um mistério que talvez nunca seja resolvido. Seguindo C. S. Peirce (ver p. 50), distinguem entre problemas, que são em princípio solúveis, e mistérios, que não podem ser solucionados porque estão além da compreensão humana. Eles alegam que o alcance cognitivo de um organismo (o que ele é capaz de compreender) é definido por suas necessidades biológicas e que, assim como os chimpanzés não precisam entender astronomia, os seres humanos não precisam entender a natureza da consciência.

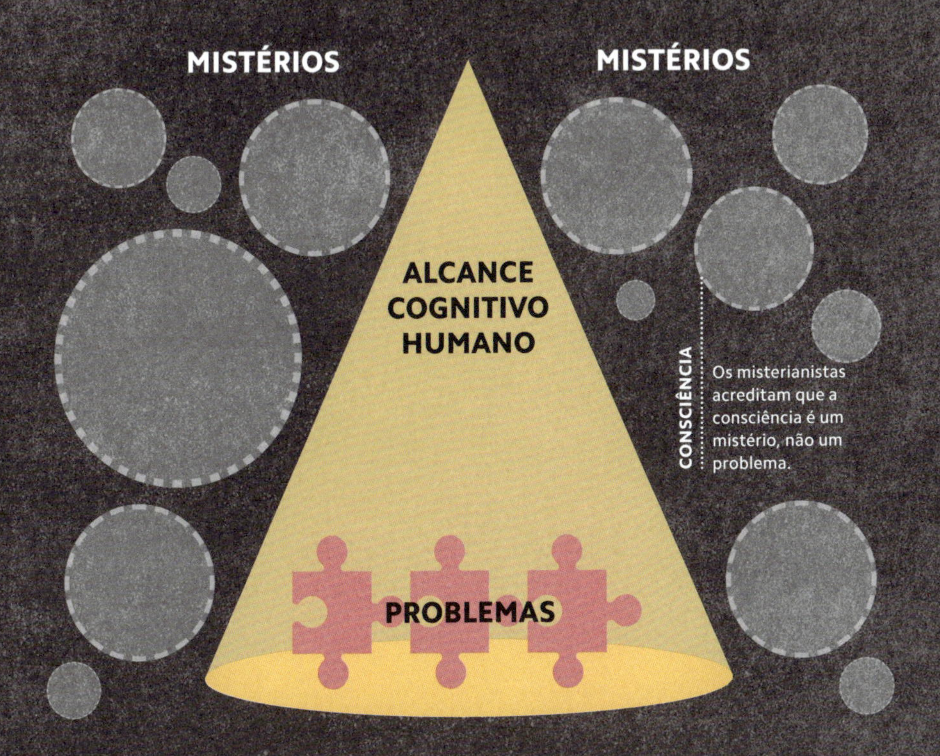

C E R T
E R R A

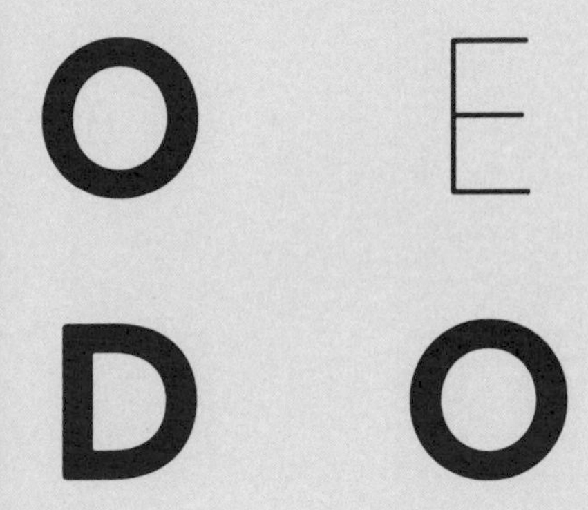

A ética é um ramo da filosofia que trata de valores morais. Suas questões principais incluem: "Como devemos nos comportar?" e "Como saber se nossos valores morais são verdadeiros?". Respondendo a essas perguntas, os filósofos se enquadram em dois grupos principais: os consequencialistas, que afirmam que a moralidade de uma ação depende de seu resultado (p. ex. Jeremy Bentham); e os deontologistas, segundo os quais a moralidade de uma ação depende de ela seguir leis morais (p. ex. Immanuel Kant). Os estudiosos da ética também examinam o significado dos conceitos morais, em especial os de "bom", "mau", "mal" e "virtude".

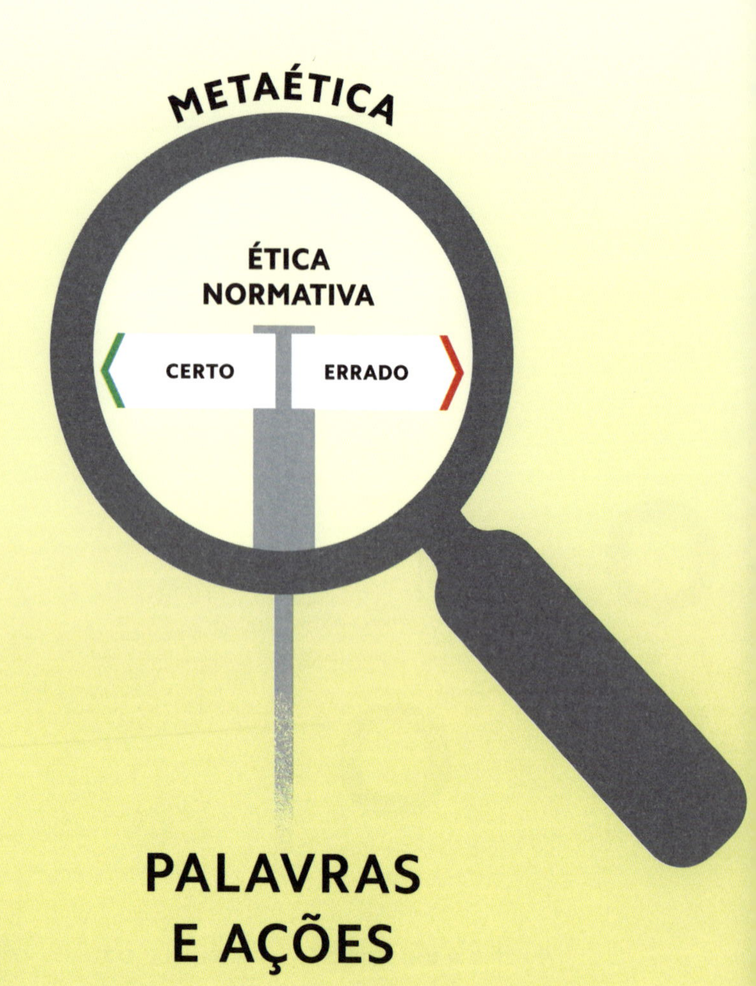

PALAVRAS E AÇÕES

Em termos gerais, a ética se divide em dois grandes campos: a metaética e a ética normativa. A metaética é a mais teórica das duas. Ela explora a natureza dos conceitos morais, como "bom" e "mau" e pergunta como podemos diferenciar certo e errado. A ética normativa, por outro lado, apresenta a questão "Como devemos nos comportar?", mais prática. Ela busca meios pelos quais possamos julgar a moralidade de nossas ações e tenta encontrar regras éticas de acordo com as quais possamos viver.

A VIDA VIRTUOSA

FALTA EXCESSO

A ética das virtudes identifica e analisa os traços humanos que são considerados virtuosos (moralmente bons) e que caracterizam uma pessoa virtuosa. Eles incluem qualidades como honestidade, justiça e generosidade. Os eticistas das virtudes também estudam a natureza e a definição da virtude, o que ela significa na prática e como uma pessoa pode se tornar virtuosa. Por exemplo, os filósofos gregos antigos afirmavam que o objetivo de uma pessoa virtuosa era viver uma "vida boa": uma vida gratificante porque foi vivida virtuosamente. Aristóteles sustentava que uma das características dessa vida boa era a moderação, que envolve encontrar a "doutrina do meio-termo" entre a falta e o excesso.

> **"[...] é nossa escolha de bem ou mal que determina nosso caráter, não nossa opinião sobre bem ou mal."**
>
> Aristóteles

O CAMINHO ÓCTUPLO

O budismo é uma religião antiga que se originou na Índia. Uma de suas ideias centrais é o *samsara*, ou reencarnação: um ciclo recorrente de nascimento, morte e renascimento do qual se pode escapar por meio de uma vida boa. Sidarta Gautama (c. 563-483 a.C.), venerado como o Buda, definiu o caminho para uma vida boa com base em oito aspectos. Seus seguidores, conhecidos como budistas, acreditam que as pessoas podem superar por fim o *samsara* praticando oito princípios. O objetivo final para os budistas não é o paraíso, mas o nirvana, um estado de não ser e uma libertação de todos os apegos mundanos.

Exemplo vivo
Kong Fuzi pensava que o "homem superior" inspirava outros a buscarem as cinco virtudes.

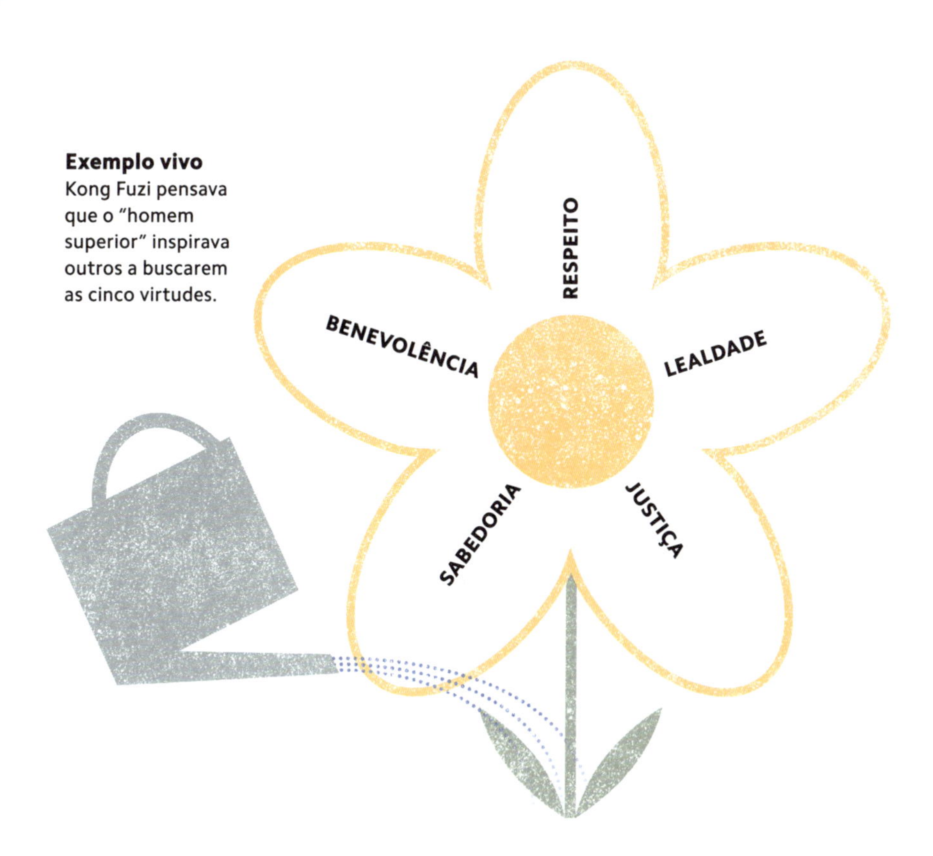

CINCO VIRTUDES CONSTANTES

Kong Fuzi (551-479 a.C.), também conhecido como Confúcio, desprezava a ideia de que a virtude seria uma dádiva divina a uma classe social particular. Em vez disso, ele sustentava que ela poderia ser cultivada em qualquer pessoa, numa sociedade fundada no que ele chamava de "cinco virtudes constantes". Para Kong Fuzi, a virtude fundamental era a benevolência, expressa na Regra de Ouro: "Não faça aos outros o que não deseja para si mesmo". A segunda virtude seria a justiça ou retidão; a terceira seria a lealdade ou integridade; a quarta, a sabedoria; e a quinta, o respeito – em especial pela tradição.

UM RESULTADO MORAL

O consequencialismo é a crença em que o valor moral de uma ação é determinado por seu resultado, e não por sua conformidade aos padrões ou regras convencionais de moral. Essa abordagem da filosofia ganhou terreno na Europa renascentista, nos séculos XV e XVI, e tornou-se a base do utilitarismo de Jeremy Bentham (ver p. 102). Levado ao extremo, como no caso do filósofo político Nicolau Maquiavel (1469-1527), o consequencialismo promoveria a ideia de que "o fim justifica os meios".

"Toda vantagem no passado é julgada à luz da consequência final."
Demóstenes

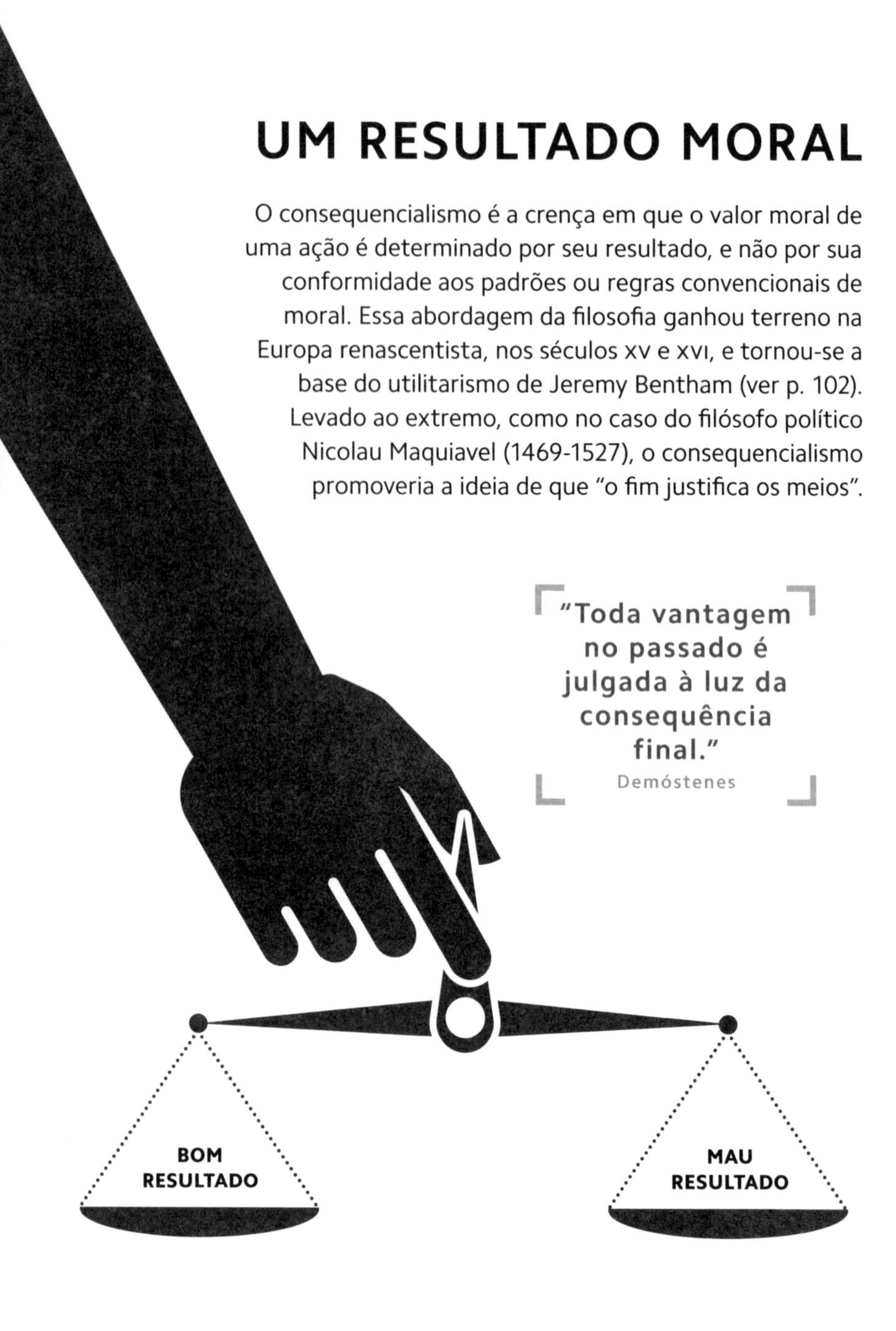

UMA LEI MORAL

A ideia de que há leis morais que definem o que é moralmente correto e que é nosso dever segui-las a despeito das consequências é conhecida como deontologia. Muitos deontologistas alegam que as leis morais são como as leis naturais ou os princípios matemáticos e que violá-las é, assim, contrário à natureza ou irracional. O mais conhecido defensor da deontologia na ética moderna é Immanuel Kant, cuja ideia de imperativo categórico (ver p. 106) se opunha à ética consequencialista de sua época.

"A natureza pôs a humanidade sob o domínio de dois senhores soberanos, dor e prazer."

Jeremy Bentham

O PRINCÍPIO DO PRAZER

DOR

PRAZER

O hedonismo é a ideia de que o prazer é o que determina o bem-estar e que qualquer coisa que promova o prazer é, portanto, moralmente boa. Para os hedonistas, o maior bem na vida é encontrar o prazer satisfazendo desejos e apetites. Como o oposto de prazer é dor ou sofrimento, evitá-los também é algo bom. O hedonismo teve origem na obra de Demócrito (ver p. 17) e Aristipo de Cirene (c. 435-c. 356 a.C.). A ideia de que prazer e dor são os fatores primários para determinar a moral também pode ser encontrada no utilitarismo (ver pp. 102-103).

Epicurismo
Epicuro definiu a felicidade como um estado de tranquilidade alcançado ao se ficar livre de dor e ansiedade – em especial do medo da morte. Para Epicuro, esse tipo de felicidade era o objetivo de uma vida boa.

TRANQUILIDADE

FELIZ É O MESMO QUE BOM

Na Grécia Antiga, os filósofos morais buscavam habilitar as pessoas a terem uma "vida boa", ou seja, que fosse ao mesmo tempo virtuosa e feliz. Para os hedonistas (ver ao lado), esses dois conceitos eram efetivamente idênticos. Eles afirmavam que, se a felicidade era consequência da bondade moral, então o que quer que causasse felicidade era moralmente bom. O hedonista Epicuro (341-270 a.C.) fundou a própria escola de pensamento, conhecida como epicurismo, com base nos mesmos princípios. Ele declarou que a felicidade era o objetivo de uma vida boa, mas – diferentemente de outros hedonistas – pensava que a felicidade se encontrava na tranquilidade, e não na busca pelo prazer.

MEDO

O MAIOR BEM

Durante o século XVIII, alguns filósofos britânicos sustentaram a crença de que a bondade de uma ação poderia ser julgada por seus resultados (ver p. 98). Jeremy Bentham (1748-1832), em especial, pensava que as ações eram moralmente justificadas pela quantidade de prazer ou dor que causavam. Ele propôs uma fórmula para calcular a "utilidade" das ações (a extensão com que tinham resultados prazerosos ou dolorosos), alegando que a melhor linha de conduta seria a que levasse à maior felicidade para o maior número de pessoas. Essa escola de pensamento ficou conhecida como utilitarismo.

"A maior felicidade do maior número é a base dos princípios morais e da legislação."
Jeremy Bentham

Utilitarismo do ato
Segundo Bentham, a utilidade de cada ação pode ser medida examinando seus resultados – ou seja, considerando o número de pessoas afetadas e a quantidade de prazer ou dor que sentem. Isso é conhecido como "utilitarismo do ato".

Utilitarismo de regras
Nem sempre é possível avaliar os resultados potenciais de uma ação: as decisões com frequência têm de ser tomadas com informações limitadas. Para superar isso, o utilitarismo de regras sugere seguir regras gerais em vez de se pesar a utilidade de cada ação individualmente.

O FOSSO ENTRE "É" E "DEVE"

David Hume discordava da ideia de que os princípios éticos se baseavam numa lei moral objetiva (ver p. 106). Ele acreditava que a razão era "escrava das paixões" e afirmava que decidíamos o que seria bom ou mau com base em nossas emoções, e só então usaríamos o pensamento racional para justificar nossas decisões. Devido a isso, alegava que havia um fosso intransponível entre os juízos de fato e os juízos de valor – incluindo o valor ético. Em outras palavras, não poderíamos saber o que "deveria" ser conhecendo apenas o que "é".

> **"As regras da moral não são conclusões de nossa razão."**
>
> David Hume

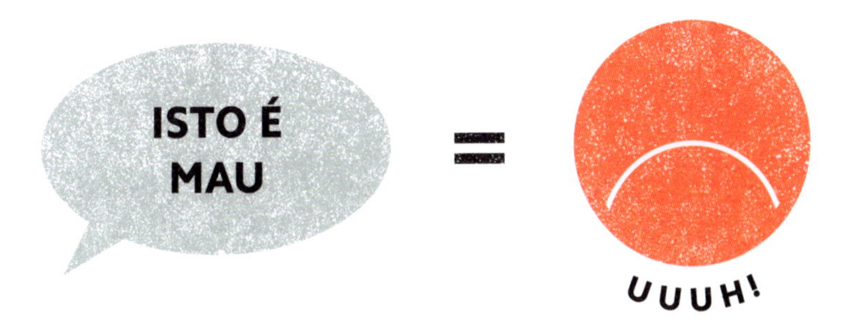

A TEORIA EMOTIVISTA

O subjetivismo sustenta que as declarações morais se baseiam no sentimento subjetivo, e não no pensamento racional. De acordo com os subjetivistas, nossos valores morais são expressões de sentimento, e não juízos de fato – por exemplo, quando dizemos "Matar é errado", estamos expressando nosso sentimento de que matar não deve ser feito. Do mesmo modo, os códigos morais impostos a nós por autoridades externas, como "Não matarás", descrevem simplesmente o que essas autoridades acreditam ser um comportamento aceitável. O emotivismo é similar ao subjetivismo. Os emotivistas alegam que as palavras "bom" e "mau" não têm significado literal, sendo não mais que expressões de aprovação ou desaprovação – o equivalente a dar "vivas" ou vaiar.

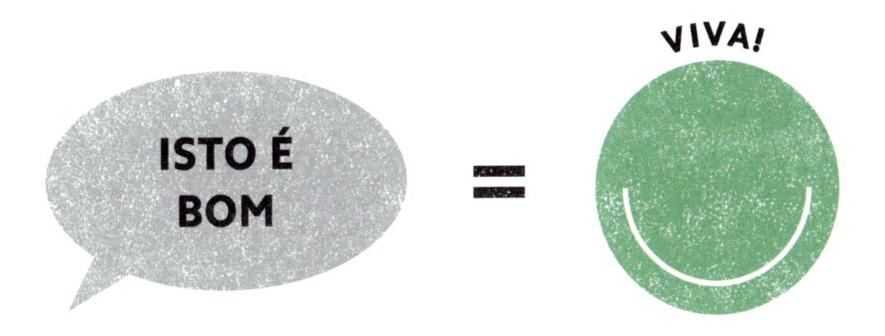

UMA REGRA PARA TODOS

Immanuel Kant acreditava na existência de uma lei moral (ver p. 99) e que ela poderia ser descoberta usando a razão. Ele chamou essa lei de "imperativo categórico", o que significava que era universalmente verdadeira e que todos deveriam agir de acordo com ela. O imperativo categórico determinava que as pessoas agissem de tal modo que desejassem que suas ações fossem leis universais – em outras palavras, querendo que todos procedessem como elas. Kant afirmava que deixar de agir desse modo seria irracional. Ele também alegava que ações que visavam alcançar um fim específico (ver p. 98) em vez de seguir a lei moral não poderiam ser eticamente justificadas.

SOFISTICADO

A VONTADE DE DEUS

DESEJÁVEL

O BOM É

GRATIFICANTE

BENÉFICO

AGRADÁVEL

"Se me perguntam 'O que é bom?', minha resposta é que o bom é o bom, e fim de assunto."

G. E. Moore

BOM É APENAS BOM

G. E. Moore (1873-1953) declarou que a palavra "bom" não podia ser definida em termos de qualquer outro conceito, como "agradável" ou "desejável". Ele sustentava que, embora as coisas que nos agradam sejam consideradas boas, não é verdade que a palavra "bom" signifique, assim, "o que nos agrada". Do mesmo modo, podemos dizer que o prazer é bom, mas isso não significa que a bondade e o prazer sejam a mesma coisa. Moore acreditava que ser agradável ou desejável era uma propriedade natural (uma característica, como esfericidade ou maciez), mas que ser bom era uma propriedade não natural, que não podia ser vista, tocada ou simplificada. Ele afirmou que reconhecíamos a bondade instintivamente e que, ao defini-la, cometíamos a "falácia naturalista", confundindo-a com uma propriedade natural.

OS VALORES SÃO UNIVERSAIS

Alguns filósofos afirmam que a moral é objetiva (factual) e que suas regras podem ser descobertas, do mesmo modo que as leis da natureza. A moral é, assim, independente do pensamento ou da atividade humana, e é universal (aplica-se a todas as pessoas no mundo, em todos os tempos). O que quer que se mostre objetivamente bom (p. ex. "justiça" ou "caridade") é sempre bom, e o que quer que se mostre mau (p. ex. "ganância" e "roubo") é sempre mau. O universalismo moral, como essa crença é conhecida, promove a ideia de que uma teoria ética universal pode ser construída a partir de verdades morais objetivas.

BOM

OS VALORES SÃO SUBJETIVOS

Em contraste com os universalistas morais (ver ao lado), os relativistas alegam que a moral é um construto humano. Isso significa que é subjetiva (uma questão de opinião) em vez de objetiva; o que é visto como bom em um contexto pode ser mau em outro. Como evidência disso, os relativistas assinalam as diferenças de códigos morais entre culturas. Por exemplo, algumas culturas hoje consideram o consumo de álcool imoral, mas outras o veem como aceitável. O relativismo moral promove a ideia de que nossos princípios morais são modelados pela cultura, e não por fatos morais.

MAU

Determinismo duro
As pessoas não têm escolha quanto ao que podem fazer porque tudo que acontece é predeterminado. O livre-arbítrio é, portanto, uma ilusão.

DESTINO OU LIVRE ESCOLHA?

As pessoas em geral acreditam que têm livre-arbítrio: a capacidade de escolher o que fazer dentre uma gama de possibilidades. Muitos filósofos defendem essa ideia, mas outros, os assim chamados deterministas duros, afirmam que o livre-arbítrio é uma ilusão. Os deterministas duros alegam que, como todo evento tem uma causa, todas as ações humanas são predeterminadas por eventos passados. Um terceiro grupo de filósofos, conhecidos como deterministas suaves, afirma que o livre-arbítrio é compatível com o determinismo. Segundo essa visão, as pessoas têm certa liberdade, mas suas decisões são baseadas em traços de personalidade herdados geneticamente ou determinados pelo ambiente.

Determinismo suave
Existe a possibilidade de optar entre um número limitado de ações, mas as escolhas são determinadas pelo caráter das pessoas, que é moldado por fatores biológicos e ambientais.

> "O ser humano pode fazer o que quer, mas não pode querer o que quer."
> Arthur Schopenhauer

Livre-arbítrio
Diante de uma escolha, as pessoas podem fazer o que quiserem, porque suas decisões não são predeterminadas. Como têm livre-arbítrio, todas as linhas de conduta estão sempre abertas a elas.

A ORIGEM DOS VALORES MORAIS

Friedrich Nietzsche acreditava que grande parte do pensamento moderno sobre moral estava ultrapassada. Ele afirmava que nossos valores morais se desenvolveram numa época em que as sociedades estavam divididas entre senhores e escravos. A "moral do escravo", como foi chamada por ele, era religiosa por natureza e enfatizava ser humilde para ser recompensado na outra vida. Em contraste, a "moral do senhor" não era religiosa e enfatizava o poder e conquistas nesta vida. Para Nietzsche, agora que "Deus está morto" (ver p. 49), as pessoas são livres para escolher os próprios valores de afirmação da vida.

Bom, mau e mal
Na "moral do senhor", o que é forte e afirma a vida é bom, enquanto a fraqueza e a subserviência são más. Na "moral do escravo", virtudes como humildade e gentileza são boas, enquanto a satisfação e o exercício do poder são o mal.

A vontade de poder
Para Nietzsche, a moral convencional é repressora e restringe nossos instintos e anseios naturais. Estes são manifestações do que ele chama de "vontade de poder", a qual nos conduz ao sucesso.

"Torne-se quem você é!"
Friedrich Nietzsche

ALÉM DO BEM E DO MAL

Friedrich Nietzsche encorajava a sociedade moderna a abandonar a "moral do escravo" (ver ao lado) e sustentava que as pessoas podiam escolher os próprios valores morais, já que suas ações não deviam ser pensadas em termos de "bem" e "mal". Ele propunha que as pessoas eram livres para viver plenamente e satisfazer suas necessidades e desejos íntimos, em vez de seguir um código moral imposto a elas por outros. O termo "*Übermensch*" (ou "super-homem") de Nietzsche designa uma pessoa que cria a própria moral, indo "além do bem e do mal".

Para evidenciar os problemas da escolha moral, Philippa Foot (1920-2010) imaginou um experimento mental conhecido como "Problema do Bonde". Ele apresenta um dilema moral em que um bonde desgovernado matará cinco pessoas se for mantido em sua rota. Uma pessoa próxima pode puxar uma alavanca para desviar o bonde para um trilho lateral, onde só haverá uma vítima. Se agir, será responsável por uma morte. Mas essa pessoa será responsável pelas cinco mortes que ocorrerão se não fizer nada? Para Foot, não há resposta simples para essa questão.

A ÉTICA DO MUNDO REAL

A ética aplicada examina a relação entre os princípios éticos e situações da vida real. Ela busca um denominador comum entre as diferentes teorias éticas e questiona se alguns princípios éticos são sempre aplicáveis. Por exemplo, pessoas de diferentes tradições éticas podem concordar que certas ações são erradas, mas discordar quanto aos motivos para isso. Por outro lado, todas talvez concordem que a sociedade deve tratar seus membros com equidade, mas é possível que discordem quanto ao tipo de sociedade que melhor alcança isso (ver pp. 136-37). A ética aplicada tenta descobrir a concordância, em especial em campos como política, economia, tecnologia e medicina.

Princípio e aplicações
O princípio de que a sociedade deve tratar as pessoas com equidade pode ser usado para justificar tanto a economia de livre mercado (ver p. 127) quanto o estado de bem-estar social, que fornece amparo aos desfavorecidos.

O SOFRIMENTO DOS ANIMAIS

Os primeiros filósofos ocidentais, entre eles Aristóteles, acreditavam em uma hierarquia dos seres vivos, a partir das plantas, passando pelos animais "inferiores" (p. ex. vermes) e depois pelos "superiores" (p. ex. macacos), até os humanos. Eles afirmavam que os seres humanos teriam primazia porque só eles tinham a capacidade da razão, e que deveríamos assim priorizá-los ao tomar decisões morais. Jeremy Bentham, um utilitarista (ver p. 102), contestou essa ideia. Perguntando se os animais podiam sofrer, ele propôs que, se a resposta fosse "sim", seus interesses deveriam ser levados em conta. Peter Singer (1946-) deu um passo além, declarando que devemos considerar igualmente os interesses dos seres humanos e dos animais.

Consideração igual
Na visão de Singer, os animais tentam evitar o sofrimento do mesmo modo que os seres humanos – e por isso devemos considerar seus interesses igualmente.

"No sofrimento os animais são nossos iguais."
Peter Singer

VALOR INTRÍNSECO

Tudo no mundo natural tem um valor inerente.

ECOLOGIA PROFUNDA

Desde as primeiras civilizações, os seres humanos tenderam a se considerar separados do mundo natural e a acreditar que ele existe para seu benefício, como um recurso a ser explorado. No século XX, as consequências dessa atitude – como a mudança climática – levaram ao movimento ambientalista, que continua a crescer. Filósofos como Arne Naess (1912-2009) defenderam o que ele chamou de "ecologia profunda". Naess sugeriu que as pessoas aprendessem a se ver como parte do mundo natural e estimassem a natureza por seu valor inerente, e não pelo que se pode obter dela.

GANHO HUMANO

As pessoas podem negligenciar o valor inerente da natureza vendo-a em termos de como ela é capaz de beneficiá-las.

POLÍ

E POD

T I C A
E R

A filosofia política é o estudo da relação entre o indivíduo e o Estado (as instituições de governo). Uma de suas questões centrais é se o Estado é um construto artificial ou uma expressão genuína de nossa natureza social. Os filósofos também se interrogam sobre a natureza do poder político e estudam como os governos justificam sua autoridade. A filosofia política discute ainda se os cidadãos devem lealdade ao governo, a diferença entre democracia e tirania, o equilíbrio entre liberdade pessoal e bem comum e as condições em que governos podem ser legitimamente derrubados.

> "Os problemas dos estados não terão fim [...] até que os filósofos se tornem reis."
> Platão

LÍDERES SÁBIOS

Platão sustentava que as decisões políticas não deveriam ser tomadas diretamente por cidadãos comuns, porque eles tinham um entendimento imperfeito de conceitos como justiça e virtude. Ele afirmou que os filósofos, que compreendiam melhor tais conceitos, seriam as melhores pessoas para governar, uma vez que eram motivados pela verdade e pelos interesses da cidade-estado. Os governos, segundo concluiu, deviam ser formados por um grupo permanente de elite de reis filósofos.

MANDA QUEM PODE

Aristóteles identificou três tipos de governo: pelo indivíduo (monarquia); por poucos (aristocracia); e por muitos (comunidade política). Ele afirmou que cada um deles poderia degenerar numa forma degradada se falhasse no propósito do bem comum. Para Aristóteles, quando os governos buscam interesses privados, a monarquia se torna tirania, a aristocracia se torna oligarquia (governo para os ricos) e a comunidade política se torna democracia.

ESCOLHIDOS PELO CÉU

O Mandato do Céu é a antiga ideia política chinesa de que um imperador obtém sua autoridade do céu, mas só pode mantê-la se governar em benefício do povo. Uma ideia similar – conhecida como direito divino dos reis – tornou-se popular na Europa do século XVII, mas com uma diferença essencial: os monarcas europeus acreditavam receber autoridade de Deus para governar a despeito de seu comportamento. O teórico político Robert Filmer (c. 1588-1653) defendeu o direito divino dos reis em seu livro *Patriarcha*. Ele alegava que o verdadeiro modelo de todos os governos era o do pai, cuja autoridade na família seria um direito dado por Deus.

"À majestade ou à soberania compete um poder absoluto."
Robert Filmer

Governante
Um governo legalista é estabelecido para preservar a autoridade absoluta do regente.

Ministros
Funcionários executam os desejos do governante, mas são sujeitos a punições caso falhem.

Povo
O povo é obrigado a obedecer e não é considerado confiável pelo Estado.

CONTROLE ESTRITO

Escrevendo durante a Era dos Estados Guerreiros, os estadistas chineses Shang Yang (390-338 a.C.) e Han Fei (280-233 a.C.), entre outros, defenderam uma filosofia de Estado conhecida como legalismo, a qual exigia que as pessoas se submetessem totalmente ao controle do Estado. Eles consideravam o povo egoísta e indigno de confiança e aconselhavam os governantes a usarem leis estritas e punições. Os ministros que decretavam as leis eram premiados ou punidos, dependendo de quão bem desempenhassem seus deveres.

O CAOS É PIOR QUE A TIRANIA

Escrevendo durante a Guerra Civil Inglesa, Thomas Hobbes afirmou que, embora os reis não tivessem direito divino para governar (ver p. 122), os soberanos, ou governantes supremos, eram essenciais para manter a ordem na sociedade. Ele explicou que eles recebiam a autoridade de seus cidadãos, que, sendo competitivos e agressivos por natureza, dependiam do governante para serem protegidos e manter a ordem. Num "estado de natureza" (sem um governo), a vida seria "sórdida, brutal e curta" – e as pessoas entregariam de boa vontade sua liberdade pelo bem de ser governadas.

Poder mínimo
Locke afirmou que os poderes de governo deviam se restringir à proteção de direitos (à vida, à liberdade e à propriedade), à garantia do bem público e à manutenção da paz.

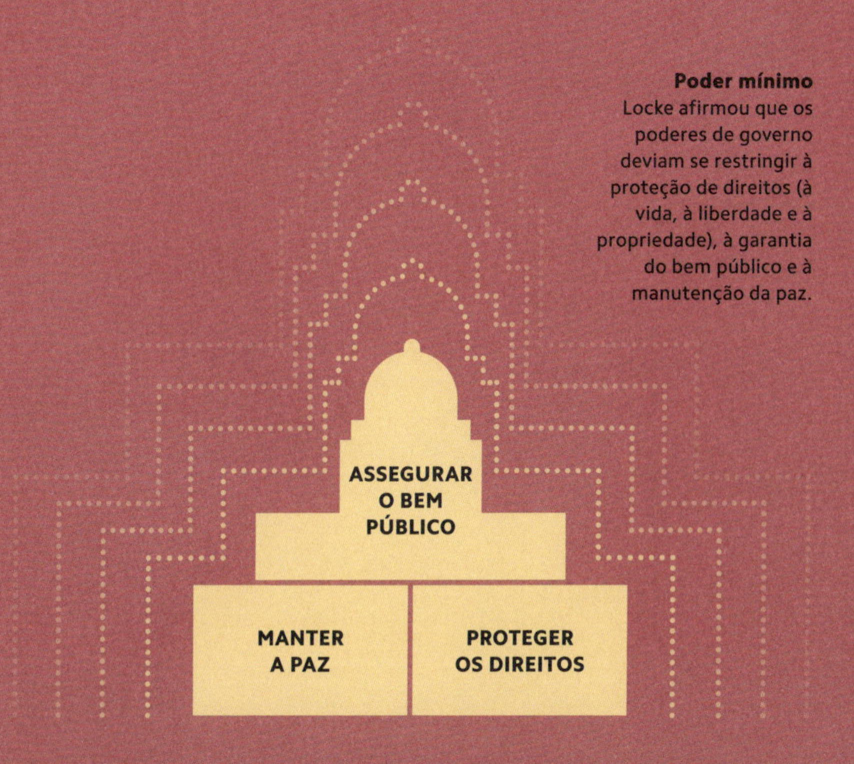

PROTEÇÃO AOS DIREITOS NATURAIS

No fim do século XVII, John Locke declarou que o poder do governo devia ser limitado. Ele acreditava que, no estado de natureza (antes de os governos se instalarem), as pessoas tinham direitos naturais, entre eles o direito à propriedade, e que os governos foram instalados para salvaguardá-los. Como Thomas Hobbes, ele afirmava que a autoridade de um governo repousava no consentimento dos cidadãos (ver ao lado). Alegava, porém, que as pessoas também tinham o direito de se rebelar se o governo falhasse em proteger seus direitos.

O GOVERNO PELO POVO

Jean-Jacques Rousseau (1712-1778) acreditava que as pessoas eram cooperativas por natureza, mas que os governos criavam desigualdade, que, por sua vez, levava à agitação social. Ele buscava um modo pelo qual o povo pudesse usufruir dos benefícios do governo sem esses problemas. A resposta de Rousseau foi a soberania popular: um sistema em que as decisões fossem tomadas diretamente pelos cidadãos – por exemplo, por meio de referendos sobre temas específicos – e não por representantes eleitos. Em tal sistema, as pessoas ficariam no comando de seu próprio destino político e as decisões seriam expressões do que Rousseau chamou de "Vontade Geral".

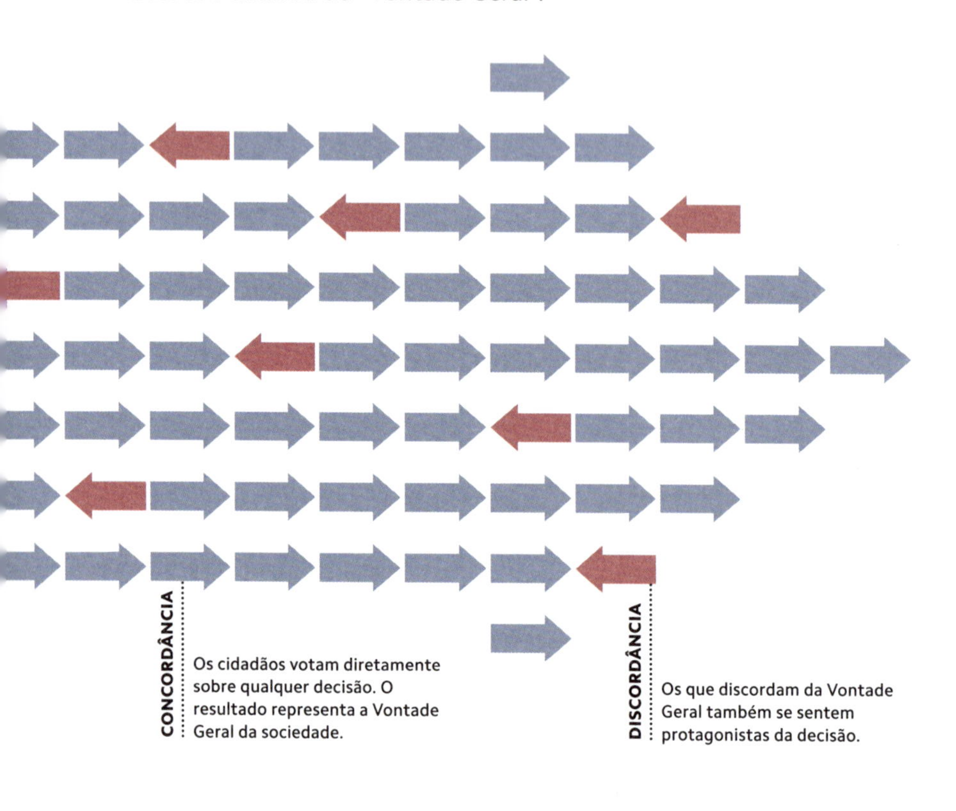

O MERCADO SABE MELHOR

"Não é da benevolência do açougueiro, do cervejeiro ou do padeiro que esperamos nosso jantar, mas de sua consideração pelos próprios interesses."
Adam Smith

Em *A riqueza das nações*, Adam Smith (1723-1790) afirmou que o governo não devia interferir na economia. Ele sustentava que o melhor meio de criar riqueza seria deixar o mercado se regular ou, como colocou, permitir que "a mão invisível" do mercado encontrasse um equilíbrio entre a oferta e a demanda. Smith, porém, não era um libertarianista (ver p. 137). Ele acreditava que o governo tinha um papel vital ao fornecer a estrutura legal necessária para que o mercado funcionasse bem.

CONFLITO DE CLASSES

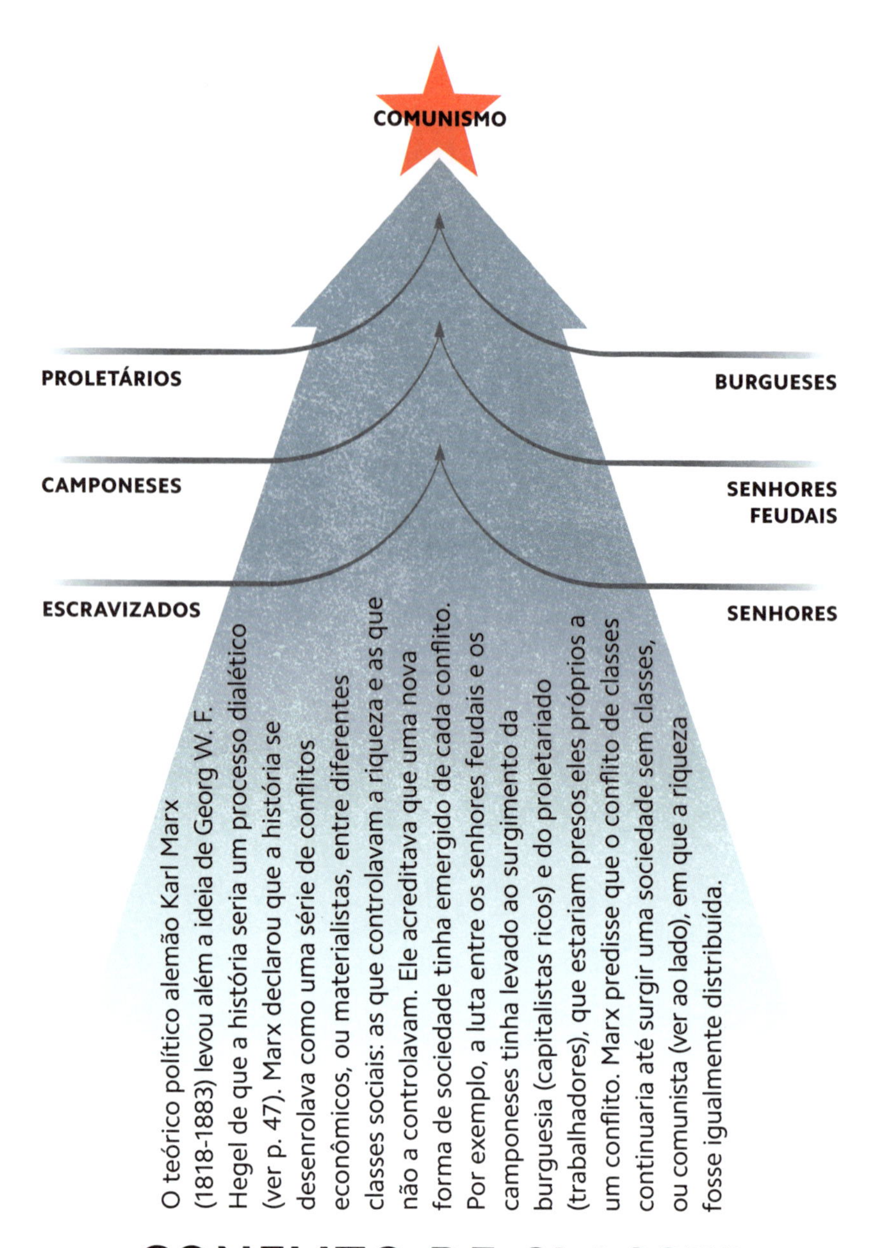

O teórico político alemão Karl Marx (1818-1883) levou além a ideia de Georg W. F. Hegel de que a história seria um processo dialético (ver p. 47). Marx declarou que a história se desenrolava como uma série de conflitos econômicos, ou materialistas, entre diferentes classes sociais: as que controlavam a riqueza e as que não a controlavam. Ele acreditava que uma nova forma de sociedade tinha emergido de cada conflito. Por exemplo, a luta entre os senhores feudais e os camponeses tinha levado ao surgimento da burguesia (capitalistas ricos) e do proletariado (trabalhadores), que estariam presos eles próprios a um conflito. Marx predisse que o conflito de classes continuaria até surgir uma sociedade sem classes, ou comunista (ver ao lado), em que a riqueza fosse igualmente distribuída.

UMA SOCIEDADE DE TRABALHADORES

Karl Marx imaginou o comunismo como uma nova ordem econômica em que as classes sociais desapareceriam e a propriedade dos meios de produção (p. ex., fábricas) seria compartilhada por todos – assim como os lucros do trabalho. Marx pensava que essa nova ordem se estabeleceria quando a insatisfação dos trabalhadores com a sociedade capitalista, baseada em classes, deflagrasse uma revolução (ver ao lado). O Estado como instrumento de controle de classes definharia e seria substituído por quadros eleitos para representar os trabalhadores.

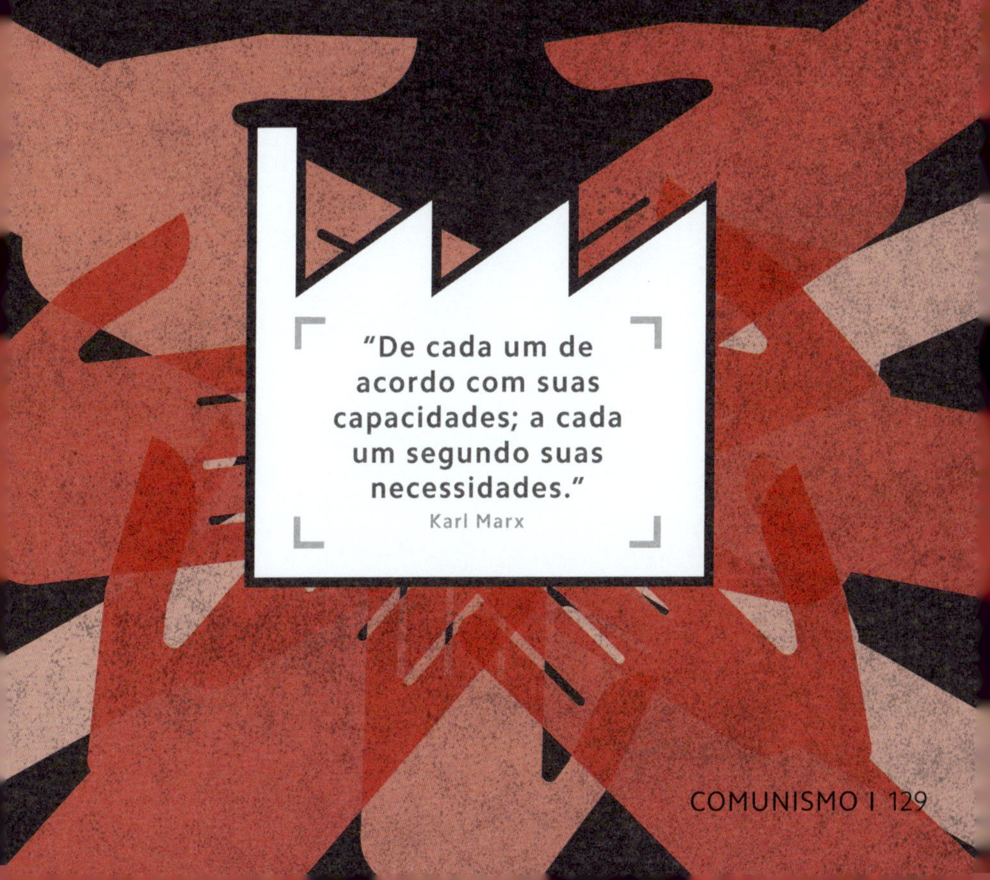

"De cada um de acordo com suas capacidades; a cada um segundo suas necessidades."

Karl Marx

FALSA CONSCIÊNCIA

O termo "teoria crítica" remete a um conjunto de trabalhos desenvolvidos pelo Instituto de Pesquisa Social sediado em Frankfurt. Seus membros – Max Horkheimer (1895-1973), Theodor Adorno (1903-1969) e outros – tentaram entender por que o marxismo alemão não conseguiu resistir ao fascismo nos anos 1930 e explicar por que uma revolução comunista não tinha ocorrido na Europa. Eles afirmaram que, nas sociedades capitalistas, a revolução era bloqueada quando a mídia e as empresas de publicidade impunham falsas necessidades ao público – como a busca de cada vez mais bens de consumo. O termo marxista "falsa consciência" se refere à mentalidade criada por essas necessidades, que impede as pessoas de resistirem ao capitalismo.

Cegados pelo capital
Os teóricos críticos afirmaram que o capitalismo cegava as pessoas para o fato de que estariam sendo exploradas – o que, por sua vez, as impedia de manifestar divergência.

PESSOAS "NORMAIS"

Michel Foucault pensava que nem todo poder funcionava por meio de uma figura de autoridade reprimindo as liberdades básicas de outras pessoas. Ele descreveu um tipo de poder que dependia de leis e sistemas de vigilância. Não mais anônimos num grupo ou classe, os indivíduos passam a saber que podem ser identificados e punidos se violarem as regras e, então, buscam se ajustar. O poder disciplinar opera dentro das instituições e através delas, produzindo pessoas que são "normais". Segundo Foucault, esse poder é mais óbvio em prisões, mas ele também atua em outras instituições sociais, como escolas e locais de trabalho.

CONTROLADO PELO ESTADO

Após a Segunda Guerra Mundial, filósofos como Hannah Arendt (1906-1975) e Karl Popper (ver p. 61) examinaram o conceito de "totalitarismo", usado para definir tanto os governos fascistas de Mussolini e Hitler quanto o regime stalinista da União Soviética. Eles afirmaram que ambos os sistemas eram inimigos da democracia e que promoviam a visão de que as sociedades podiam ser "aperfeiçoadas". Carl Friedrich (1901-1984) e Zbigniew Brzezinski (1928-2017) também sustentaram que os dois sistemas eram similares: o partido governista podia tomar decisões sozinho; nenhum outro partido político era tolerado; um só líder personificava o governo; e o Estado controlava a economia.

Ideologia imposta
Um governo totalitarista domina todas as áreas da vida das pessoas. Ele alcança isso por meio de vigilância, controle da mídia e intimidação conduzida pelo Estado. Todos os cidadãos devem se ajustar à visão de sociedade do governo vigente.

A PSIQUE DOS OPRIMIDOS

W. E. B. Du Bois (1868-1963) cunhou o termo "dupla consciência" para descrever a identidade dual e conflitante das pessoas "de cor" numa cultura racista. Ele usou a expressão para definir a experiência de ser ao mesmo tempo negro e americano e a luta interior enfrentada por afro-americanos ao viverem numa sociedade em que seus antecessores eram escravizados. Frantz Fanon (1925-1961) estudou, posteriormente, como as pessoas negras que viviam em países colonizados experimentavam a negritude. Ele afirmou que as culturas brancas coloniais ligavam a "negritude" à impureza, o que fazia as pessoas colonizadas verem sua própria cor de pele e cultura negativamente, além de aspirarem à identidade branca.

ABOLIÇÃO DO GOVERNO

No século XIX, os defensores do anarquismo viam o Estado como um instrumento de controle social: um meio pelo qual uma classe social oprimia outra. Os anarquistas baseavam sua oposição ao controle de um governo na crença em que o povo não precisaria ser coagido, taxado nem representado por uma autoridade política central. Eles defendiam a ideia de uma sociedade sem Estado, em que as pessoas se organizassem em cooperativas locais, cada uma promovendo a liberdade, a igualdade e a harmonia social. O ativista político francês Pierre-Joseph Proudhon (1809--1865) abraçou essa ideologia e foi o primeiro anarquista autodeclarado.

Sem o controle do Estado
Os anarquistas imaginam uma rede interconectada de numerosas comunidades autogovernadas, em que nenhuma tem autoridade sobre outra.

JUSTIFICATIVA DO ESTADO

Desde o início do século XX, o estatismo (sistema político em que um governo centralizado tem o controle da maioria dos assuntos sociais e econômicos) se tornou uma resposta cada vez mais generalizada aos problemas de larga escala nas sociedades ocidentais. Em 1933, por exemplo, o presidente dos EUA, Franklin D. Roosevelt, introduziu o *New Deal*, reagindo à Grande Depressão. Seu enorme programa de intervenção estatal buscou fornecer bem-estar, seguridade social, apoio econômico, eletrificação e projetos de construção em todo o país. Em consequência, o governo federal dos EUA expandiu seu papel e aumentou sua influência sobre a economia da nação.

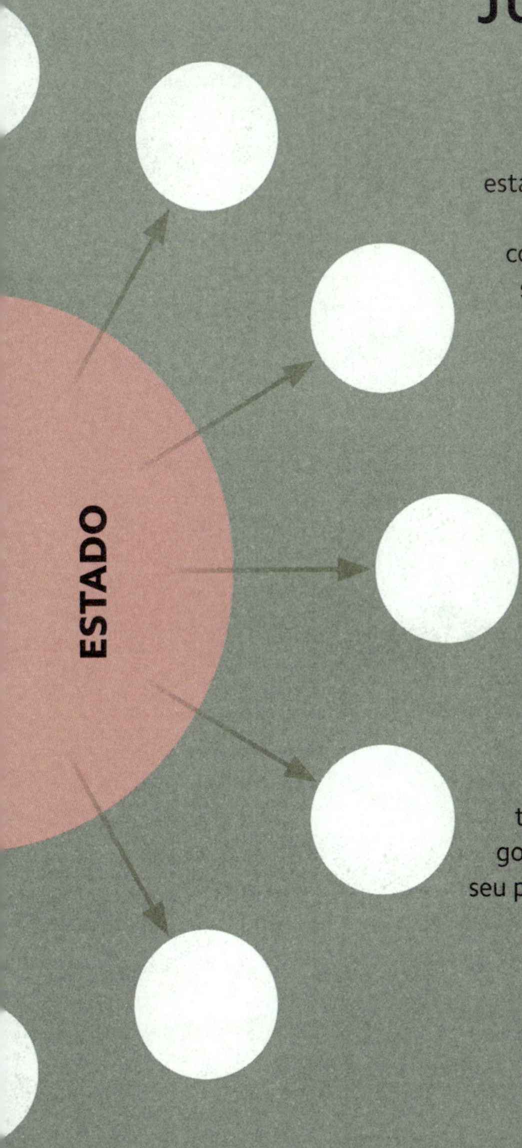

ESTADO

Controle estatal
Num sistema estatista, as comunidades são governadas por um grande Estado central que busca regular os assuntos econômicos e sociais.

JUSTIÇA COMO EQUIDADE

John Rawls (1921-2002) sustentava que uma sociedade justa era aquela que pessoas racionais concordavam ser equitativa. Ele formulou a ideia de que, se as pessoas não tivessem consciência de seu gênero, raça, talentos naturais ou status social, não estruturariam uma sociedade em que alguns grupos ou indivíduos seriam desfavorecidos. Em vez disso, ele acreditava que as pessoas apoiariam uma redistribuição da riqueza – para fornecer uma rede de proteção aos vulneráveis – e igual acesso a instituições sociais como os sistemas de educação e saúde.

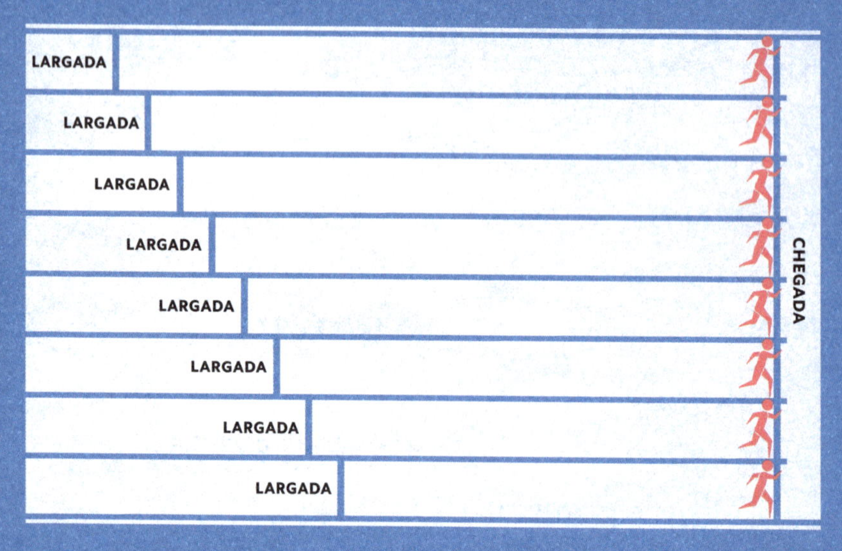

"Os princípios da justiça são escolhidos sob um véu de ignorância."
John Rawls

Vantagem
Rawls afirmava que as pessoas nasciam diferentes e que uma sociedade equitativa seria aquela em que os maiores benefícios eram dados aos menos favorecidos.

JUSTIÇA COMO LIBERDADE

Robert Nozick (1938-2002) discordava da ideia de John Rawls de que uma sociedade equitativa seria aquela em que a riqueza é redistribuída (ver ao lado). Ele afirmou que, se as pessoas fossem livres para decidir o tipo de sociedade em que viveriam, poderiam escolher aquela em que fossem premiados por assumir riscos – entre eles, o risco de ser desfavorecido. Nozick sustentava que a riqueza pertencia aos indivíduos e que o Estado não devia interferir no direito individual de ser bem-sucedido onde outros poderiam fracassar. Ele defendia o libertarianismo: a ideia de que o Estado deveria se limitar a garantir as liberdades individuais.

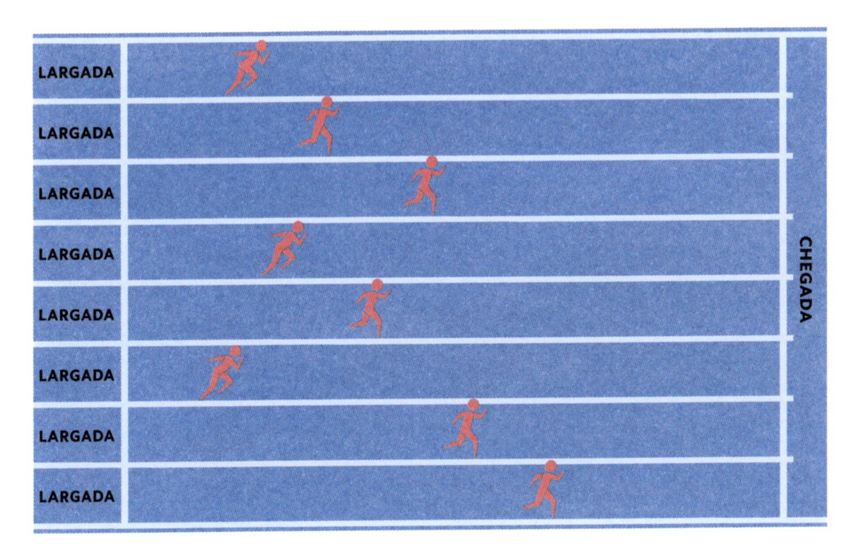

Livre para vencer
Nozick pensava que as pessoas tinham talentos diferentes e que deviam ser premiadas por usá-los, sem se considerar a distribuição de riqueza.

IGUALDADE DOS SEXOS

A filosofia política feminista investiga a desigualdade de gênero que existe nas sociedades patriarcais (dominadas por homens). Mary Wollstonecraft (1759-1797) contestou a ideia tradicional de que as mulheres seriam por natureza intelectualmente inferiores aos homens. Ela sustentava, em vez disso, que a sociedade limitava as mulheres e as ensinava a serem submissas aos homens. Mais tarde, Simone de Beauvoir (ver p. 68) afirmou que a feminilidade em si era um construto criado pelas sociedades patriarcais, que definiam as mulheres como passivas e maternais. A filosofia feminista moderna estuda como o patriarcado se liga a outras formas de opressão enfrentadas pelas mulheres: por exemplo, pelas mulheres negras, mulheres LGBTQIAPN+ e mulheres com deficiência. Essa ideia de tipos de opressão que se sobrepõem é chamada "interseccionalidade", termo cunhado por Kimberlé Williams Crenshaw (1959-).

"As pessoas são diferentes umas das outras."
Eve Kosofsky Sedgwick

Patriarcado

A maioria das sociedades ao longo da história tem sido patriarcal (dominadas pelos homens) e opressoras das mulheres.

Feminismo

A filosofia feminista defende o ativismo feminino, que busca libertar as mulheres da opressão patriarcal.

Igualdade

As feministas acreditam que o patriarcado deve ser demolido para levar à igualdade para todos os sexos e gêneros.

IDENTIDADES INFINITAS

A teoria *queer* expande os estudos gays e lésbicos anteriores para ver de modo mais abrangente gênero, sexualidade, identidade e poder. Logo de início – com Judith Butler (ver p. 69), Michel Foucault (ver p. 70) e Eve Kosofsky Sedgwidk (1950-2009) –, sacudiu as noções convencionais sobre sexo, gênero e desejo, afirmando que a identidade das pessoas é modelada por ideias e não pela biologia. Um dos conceitos centrais da teoria *queer* é o da heteronormatividade: como a sociedade reforça a ideia de que a heterossexualidade é "natural" e, portanto, "normal". Hoje, a teoria *queer* é um campo amplo de estudos, que inclui muitos aspectos diferentes sobre gênero e sexualidade, mas que ainda busca contestar as ideias heteronormativas.

LÓGICA ARGUME

E

NTAÇÃO

A lógica explora as razões por que alguns argumentos são melhores que outros. Um argumento lógico consiste em uma conclusão sustentada por um conjunto de afirmações chamadas premissas. Para analisar um argumento, examinamos se as premissas são verdadeiras e se a conclusão deriva delas. Aristóteles produziu um sistema para reconhecer argumentos lógicos e os filósofos o usaram por dois milênios – até Gottlob Frege inventar um novo sistema de lógica formal no século XIX. A lógica também inclui o estudo das falácias (maus argumentos), de modo a podermos detectá-las tanto em nossos raciocínios como nos de outras pessoas.

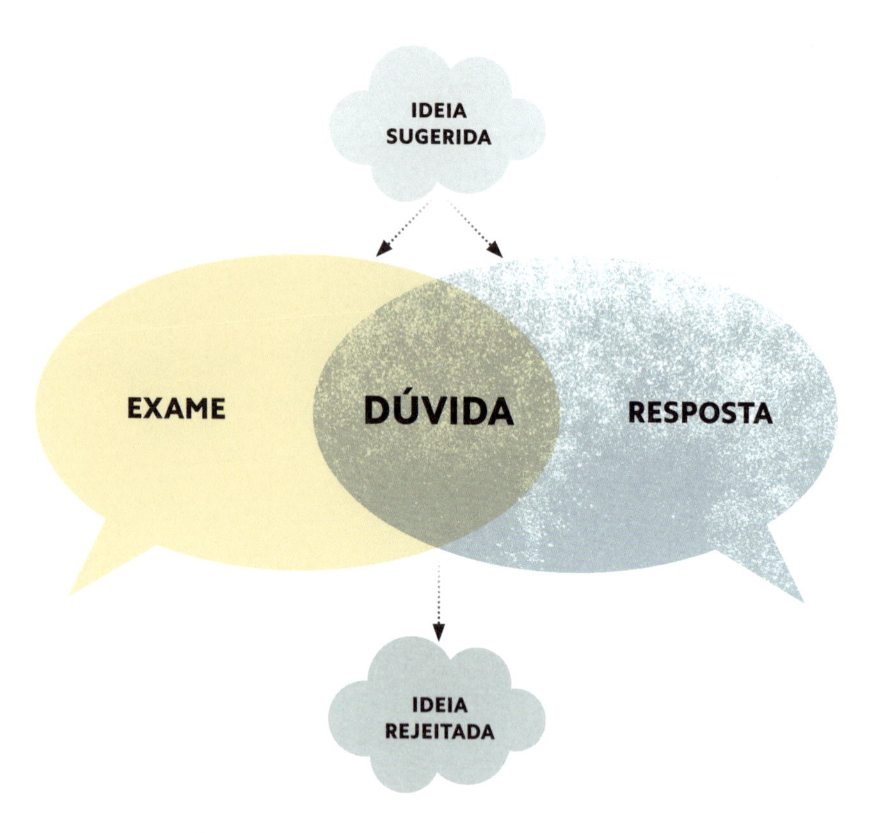

QUESTIONAMENTO DE RESPOSTAS

Segundo Platão, Sócrates (c. 470-399 a.C.) empenhava-se em um tipo de discussão chamada *elenchos*. Primeiro, ele identificava uma alegação pressuposta como verdadeira por seu oponente (em geral sobre a natureza de algo, como a coragem). Depois, com perguntas, ele fazia seu oponente concordar com outras afirmações sobre o tema. Por fim, mostrava que essas outras afirmações contradiziam a afirmação original, demonstrando que, antes de tudo, seu oponente não deveria ter acreditado nela.

O SILOGISMO

Descrito primeiramente por Aristóteles, o silogismo é uma forma de argumento dedutivo (ver p. 144). Ele consta de três sentenças: a premissa maior, a premissa menor e a conclusão. Juntas, essas três sentenças têm esta forma lógica: todos os Xs são Ys; Z é um X, logo, Z é um Y. Segundo essa lógica, concordar com as premissas torna impossível negar a conclusão, o que significa que o argumento é válido. Cada sentença tem um sujeito (p. ex. "felinos"), um predicado (uma qualidade do sujeito, p. ex. "animais") e um verbo que os liga (p. ex. "são").

TODOS OS FELINOS SÃO ANIMAIS

PREMISSA MAIOR

A premissa maior contém a palavra "felinos" (que está em ambas as premissas) e a palavra "animais" (o predicado da conclusão).

O TIGRE É UM FELINO

PREMISSA MENOR

A premissa menor contém a palavra "felino" e nos diz que um tipo de felino é o "tigre" (o sujeito da conclusão).

O TIGRE É UM ANIMAL

CONCLUSÃO

A conclusão nos diz que o "tigre" é um "animal".

> **"O conhecimento deve se fundamentar em verdades básicas necessárias."**
> Aristóteles

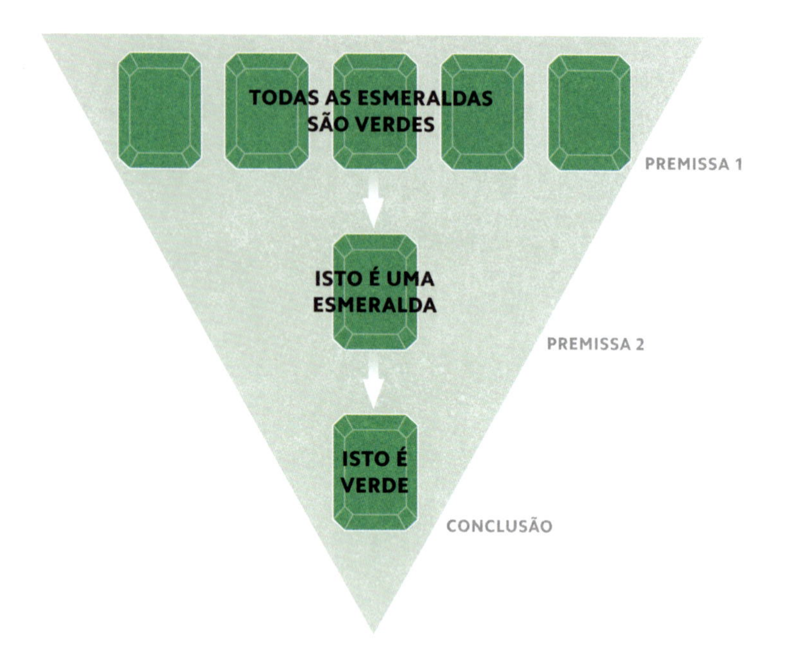

UMA CONCLUSÃO LÓGICA

O argumento dedutivo é aquele em que a conclusão deve ser verdadeira se as premissas forem verdadeiras – como uma pura questão de lógica. Um argumento dedutivo bom é chamado de válido. Se ele também for sólido (suas premissas são verdadeiras), então a conclusão é exata. Por outro lado, um argumento dedutivo mau ou inválido é aquele em que a conclusão pode ser falsa, mesmo que as premissas sejam verdadeiras. Se não há situação logicamente possível em que as premissas de um argumento sejam verdadeiras e sua conclusão seja falsa, então o argumento é válido.

UMA CONCLUSÃO PROVÁVEL

Diversamente do argumento dedutivo (ver ao lado), o argumento indutivo é aquele que não fornece certeza, mas faz uma dada alegação mais ou menos provável. As palavras "válido" e "inválido" não são, portanto, usadas para argumentos indutivos. Um argumento indutivo bom ou forte é aquele em que a conclusão é altamente provável se as premissas forem verdadeiras. A probabilidade da conclusão de um argumento indutivo mau ou fraco aumenta apenas levemente se as premissas forem verdadeiras. Novas evidências podem enfraquecer um argumento indutivo forte ou fortalecer um argumento indutivo fraco.

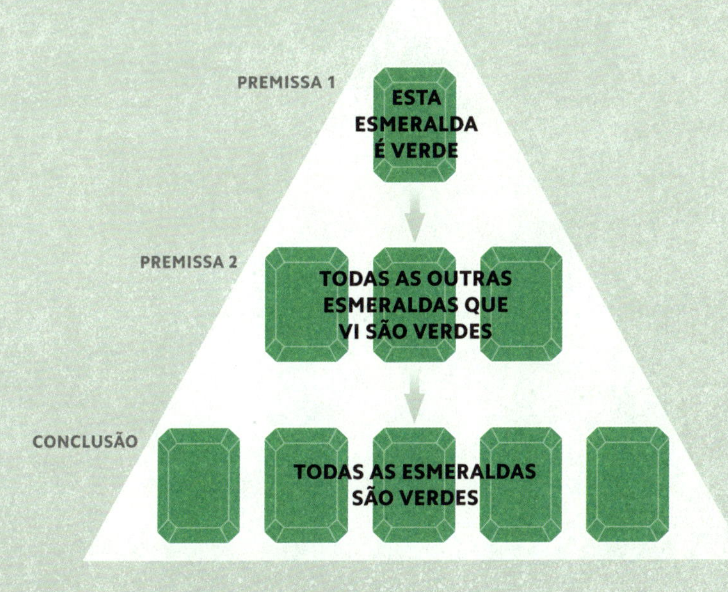

EXAME DOS ARGUMENTOS

A avaliação de um argumento envolve a resposta a duas questões: "A conclusão decorre das premissas?" e "Todas as premissas são verdadeiras?". Se a resposta à primeira questão for "sim", então a lógica do argumento é boa. Isso nos dá um conhecimento condicional: se as premissas forem verdadeiras, então a conclusão ou é verdadeira (no caso de uma dedução, ver p. 144) ou provavelmente verdadeira (no caso de uma indução, ver p. 145). Se a resposta à segunda questão também for "sim", então o argumento é sólido: sua conclusão decorre das premissas, e suas premissas são verdadeiras.

Argumento bom
A conclusão de um argumento bom sempre decorre das premissas. Porém, se alguma das premissas for falsa, a conclusão poderá também ser falsa. Argumentos dedutivos bons são descritos como "válidos". Argumentos indutivos bons são descritos como "fortes".

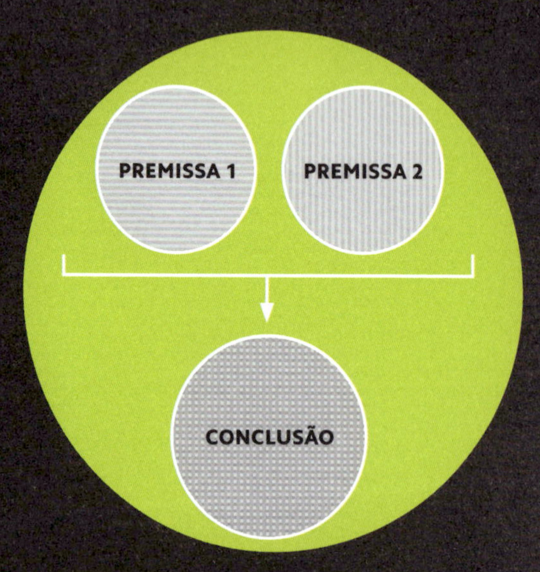

Argumento sólido
Se um argumento é sólido, então sua conclusão decorre das premissas e suas premissas são todas verdadeiras. Isso significa que a conclusão de um argumento dedutivo sólido é verdadeira, e a conclusão de um argumento indutivo sólido é provavelmente verdadeira.

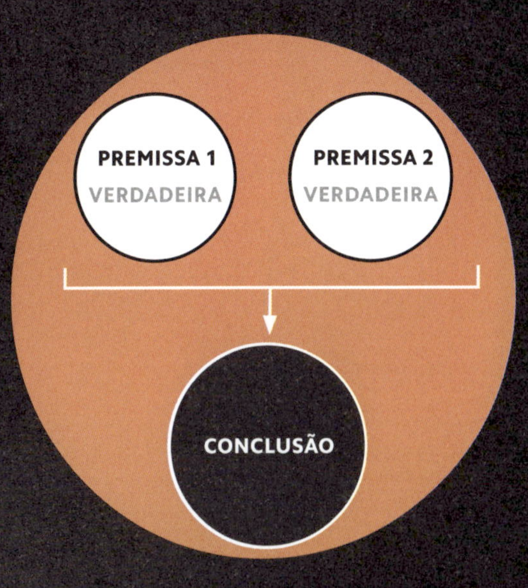

ARGUMENTO SÓLIDO

ARGUMENTO BOM

Lógica e verdade
Todo argumento sólido é bom, mas nem todo argumento bom é sólido. Um argumento bom não é sólido se qualquer de suas premissas for falsa, embora ainda seja bom em um sentido lógico (ou seja, sua conclusão decorre de suas premissas).

Estrutura ruim
Falácias formais dependem da estrutura do argumento. O exemplo mostrado acima lembra o argumento válido "Se P, então Q; P, portanto Q", mas ele é incorretamente estruturado como "Se P, então Q; Q, portanto P". Isso é conhecido como "afirmação do consequente".

IDENTIFICANDO MAUS ARGUMENTOS

As falácias são maus argumentos confundidos com frequência com bons argumentos. As pessoas muitas vezes raciocinam mal, mas um raciocínio só é falacioso se tem a aparência de um bom argumento. Crenças falsas podem emergir de maus argumentos, mas não são em si mesmas falácias. Do mesmo modo, sarcasmo e exagero podem vencer discussões, mas não são necessariamente falaciosos. As falácias são padrões de raciocínio falho que, por serem tão frequentemente confundidas com padrões de raciocínio bom, foram estudadas e categorizadas. É útil aprender sobre as falácias porque isso nos ajuda a descobri-las em nossos raciocínios e nos de outras pessoas.

ESTOU DIZENDO A VERDADE

COMO SEI SE POSSO ACREDITAR EM VOCÊ?

SOU UMA PESSOA SINCERA

"Pedir a premissa é provar uma coisa não autoevidente por meio dela própria."
Aristóteles

Mau conteúdo
Falácias informais dependem do conteúdo do argumento, e não de sua estrutura. No exemplo acima, o argumento só é válido porque é circular – ou seja, a conclusão está contida nas premissas. Isso é chamado de "petição de princípio".

HIPÓTESE

EXAME DE EVIDÊNCIAS

Ao observar um fenômeno, um cientista talvez note um padrão. O cientista pode propor, então, uma hipótese – uma regra geral derivada de suas observações. Para testar a validade de tal hipótese, os cientistas realizam experimentos. Se os resultados desses experimentos não provarem que a hipótese é falsa (ver p. 61), ela poderá ser aceita como teoria científica. Porém isso não quer dizer que seja necessariamente verdadeira: outros experimentos ou observações podem provar que é falsa ou que só em parte é verdadeira.

OBSERVAÇÃO

EXPERIMENTAÇÃO

A LÓGICA DA SIMPLICIDADE

Às vezes, várias teorias são apresentadas para explicar um fenômeno, e temos de decidir qual tem mais probabilidade de estar correta. William de Ockham (c. 1280-c. 1349) sugeriu que o melhor modo de escolher entre teorias seria começar pela mais simples. Conhecida como "navalha de Ockham" (pois corta a complexidade), a regra que Ockham usava declara que uma boa teoria contém apenas ideias suficientes para explicar um fenômeno, e deve ser escolhida em vez de outra que envolva complexidade ou suposições desnecessárias. O mesmo princípio se aplica aos argumentos: um argumento forte é o que se baseia em menos suposições, uma vez que qualquer suposição pode se revelar errada.

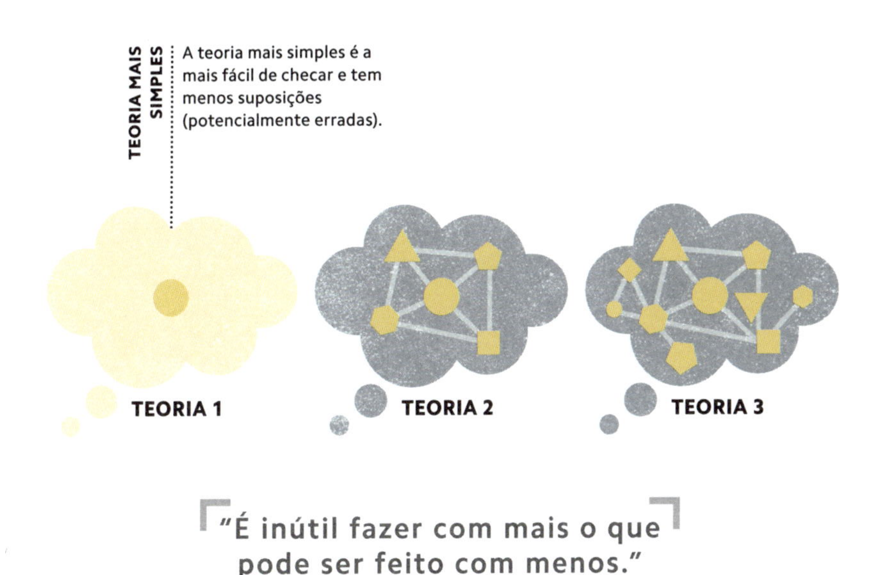

"É inútil fazer com mais o que pode ser feito com menos."
William de Ockham

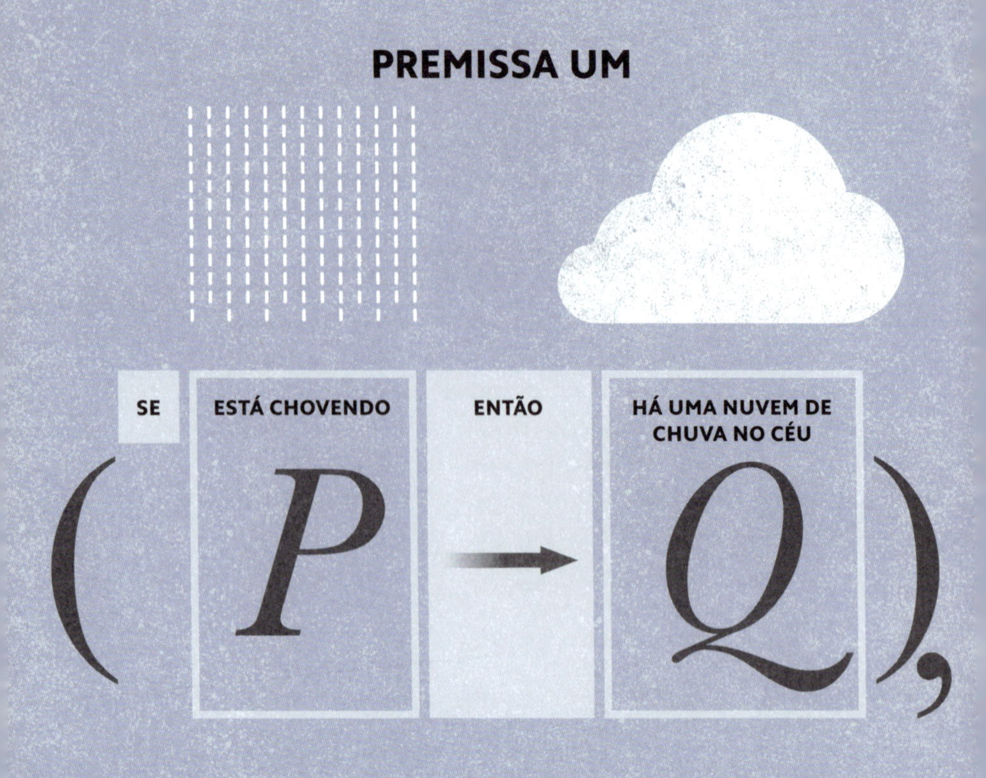

ESTRUTURAS LÓGICAS

O cálculo proposicional se concentra na estrutura, e não no conteúdo dos argumentos. Para usá-lo, o primeiro passo é identificar quais sentenças de um argumento são suas premissas e qual é a conclusão. Então, letras (p. ex. P, Q) são usadas para representar as sentenças, e símbolos, para representar as palavras de lógica que as conectam (p. ex. → para "se... então..."). Parênteses indicam as letras às quais os símbolos se relacionam, e o símbolo da catraca (⊨) representa "portanto". A catraca indica que a conclusão (à direita) decorre logicamente das premissas (à esquerda).

PREMISSA DOIS

CONCLUSÃO

ESTÁ CHOVENDO	PORTANTO	HÁ UMA NUVEM DE CHUVA NO CÉU
P	$\models$	Q

Fórmula proposicional
As letras e símbolos desta fórmula proposicional apresentam a estrutura do argumento "Se está chovendo, então há uma nuvem de chuva no céu. Está chovendo, portanto, há uma nuvem de chuva no céu".

> "A estrutura da sentença serve como um retrato da estrutura do pensamento."
> Gottlob Frege

QUANTIFICADOR UNIVERSAL

TODAS AS COISAS, X, SÃO TAIS QUE

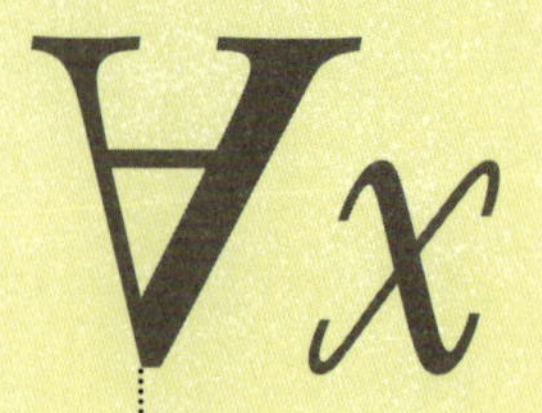

QUANTIFICADOR UNIVERSAL

O quantificador universal, ∀, representa "todo", como em "Todas as folhas são verdes" (que é formalmente escrito como "Todas as coisas, x, são tais que se x é uma folha, então x é verde").

QUANTIFICADOR EXISTENCIAL

O quantificador existencial, ∃, representa "pelo menos um", como em "Pelo menos uma folha é verde" (que é formalmente escrito como "Há pelo menos uma coisa, x, tal que x é uma folha e x é verde").

QUANTIFICADOR EXISTENCIAL

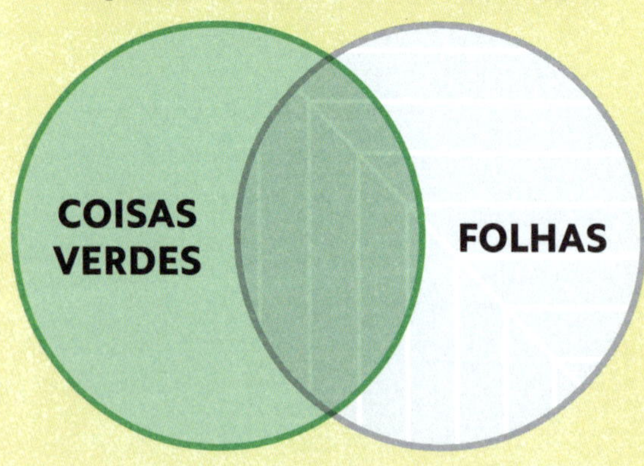

$$\exists x$$

HÁ PELO MENOS UMA COISA, X, TAL QUE

SE | X É UMA FOLHA | ENTÃO | X É VERDE

$$(Lx \rightarrow Gx)$$

USO DE QUANTIFICADORES

O cálculo de predicados se baseia no cálculo proposicional (ver pp. 152-53), introduzindo símbolos para termos como "todo" (∀) e "pelo menos um" (∃). Os predicados (ver p. 143) são conceitos incompletos: por exemplo, a expressão "é verde" se refere a uma classe de coisas verdes, mas não diz nada sobre seus membros. Os predicados podem ser completados com designadores, como em "Aquela folha é verde"; com quantificadores universais, como em "Todas as folhas são verdes"; e com quantificadores existenciais, como em "Pelo menos uma folha é verde".

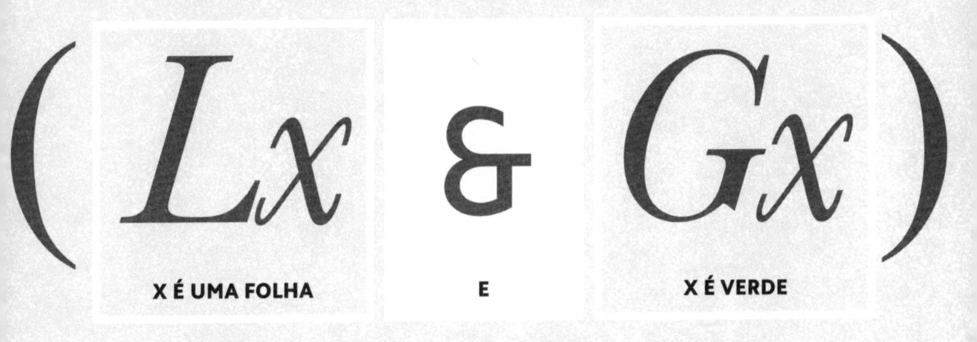

ÍNDICE

Números de página em **negrito** remetem a tópicos principais.

E

F

G

H

J

K

L

M

AGRADECIMENTOS

A DK gostaria de agradecer às seguintes pessoas pela colaboração neste livro: Phil Gamble e Mark Cavanagh pelas ilustrações; Alexandra Beeden pela revisão; Helen Peters pela indexação; à designer sênior de capas Suhita Dharamjit; ao designer sênior de DTP Harish Aggarwal; à coordenadora editorial de capas Priyanka Sharma; e à gerente editorial de capas Saloni Singh.

A editora gostaria de agradecer às seguintes pessoas e instituições pela gentil permissão de reproduzir suas fotos:

23 Dreamstime.com: Vladimir Il'yin/Wladbvbh.
154 Dorling Kindersley: John Devolle.

Todas as outras imagens © Dorling Kindersley
Para mais informações ver:
www.dkimages.com